euteamo e suas estreias

OUTRAS OBRAS DA AUTORA:

MULHERES (IN) VERSOS *(antologia com vários autores)*
Editora Massao Ohno, 1990

AVISO DA LUA QUE MENSTRUA
Produção independente, 1992

SÓSIAS DOS SONHOS
Produção independente, 1994

O SEMELHANTE
Editora Record, 1998

LILI, A RAINHA DAS ESCOLHAS
Editora Record, 2002 (Coleção Amigo Oculto)

O ÓRFÃO FAMOSO
Editora Record, 2002 (Coleção Amigo Oculto)

O MENINO INESPERADO
Editora Record, 2002 (Coleção Amigo Oculto)

Elisa Lucinda

euteamo e suas estreias

7ª EDIÇÃO

Editora Record
RIO DE JANEIRO • SÃO PAULO
2013

CIP-Brasil. Catalogação na fonte
Sindicato Nacional dos Editores de Livros, RJ.

L971e
7ª ed.
Lucinda, Elisa, 1958-
    Euteamo e suas estreias / Elisa Lucinda. – 7ª ed. – Rio de Janeiro: Record, 2013.

    ISBN 978-85-01-05444-9

    1. Poesia brasileira. I. Título.

99-0547
                      CDD – 869.91
                      CDU – 869.0(81)-1

Copyright © 1999 by Elisa Lucinda

Fotos de capa e miolo: Renan Cepeda
Cabelo e maquiagem: Afonjá Studio
Foto da página 43: autorretrato da autora

Texto revisado segundo o novo Acordo Ortográfico da Língua Portuguesa.

Direitos exclusivos desta edição:
EDITORA RECORD LTDA.
Rua Argentina 171 – Rio de Janeiro, RJ – 20921-380 – Tel.: 2585-2000

Impresso no Brasil

ISBN 978-85-01-05444-9

Seja um leitor preferencial Record.
Cadastre-se e receba informações sobre nossos
lançamentos e nossas promoções.

Atendimento e venda direta ao leitor:
mdireto@record.com.br ou (21) 2585-2002.

Para o Zix

AGRADECIMENTOS ESPECIAIS A

José Inácio Tavares Xavier
Mauro Salles
João David Miguel
Juliano G. de Oliveira
Lino Santos Gomes
Cristiano Menezes
Alice Ruiz
Antonio Olinto
Geraldo Carneiro
Marcia Duvalle
Zezé Polessa
Miguel Falabella
Pedro Cézar
Tavinho Teixeira

e

Às mulheres dessa antiga árvore à qual pertenço
À Adélia, Fernando, Manoel, Mario, Aldir, como faróis de minha viagem
Aos alunos da Escola Lucinda de Poesia Viva
Aos dias

PREFÁCIO

ENTRANHAS À MOSTRA

No fim da vida, Freud se confessou incapaz de compreender a mulher, mesmo tendo tentado, incansavelmente, e mandou, a quem quisesse fazê-lo, que perguntasse aos poetas. Faltou a Freud descobrir que, assim como existe um específico masculino só compreensível para os homens, o específico feminino só às mulheres pertence.

Por mais que se tente colocar um no lugar do outro, sempre restará o intangível de cada um.

Logo, ele deveria ter mandado indagar às mulheres poetas. Mas, na época (quando ainda era "poetisa"), o pudor vitoriano impedia a mulher dizer-se livremente.

Hoje, sim, o ser mulher está dito. De Martha Medeiros, no extremo sul, a Nilza Menezes, no extremo norte do país, a voz da mulher está cada vez mais clara.

E, bem no centro, talvez a voz mais alta e clara entre elas: a voz lúcida de **Elisa Lucinda**.

Corajosa, desabrida, sem-vergonha, forte e guerreira, desvendando os mistérios do pensamento e dando um banho de sentimentos.

Especialmente neste *Euteamo e suas estreias*, onde todas as declarações de amor estão presentes: pelo verbo, pelo verso, pela falta, pela presença, pela parceria, pela pátria, pela verdade, pela dúvida e pela certeza, pelo tesão.

Entranhas à mostra, não mais estranhas.

Deve ser por isso que a poesia de Elisa não aguenta 2ficar presa em um livro e salta da página direto para o palco, roubando a cena, enchendo a sala e a alma. Deixando o público com gosto de "quero mais". Essa é uma poesia para ser dita, portanto não se satisfaça em ler com os olhos. Leia em voz alta, interprete, sinta e viva, que essa é, sobretudo, uma poesia para ser vivida.

E quando você achar que já viveu tudo que essa poesia tinha pra dar, é engano seu. Falta ver o imperdível *show* da poetatriz Elisa Lucinda. Com direito a muitas provocações e total garantia de prazer, você vai descobrir que, na poesia da Elisa, sempre há mais para ver.

E vai voltar ao livro como se fosse sua primeira vez.

ALICE RUIZ

ORDEM DO LIVRO

I. TEMPO, O VERBO
O AMOR E AS CONJUGAÇÕES
15 a 39

II. RE-BANHO
O AMOR E OS ÓBVIOS DE ESTIMAÇÃO
41 a 79

III. BANDEIRAS
O AMOR E AS PÁTRIAS
81 a 107

IV. BANZO
O AMOR E A SAUDADE
109 a 133

V. LUMINOSA
O AMOR E O VERSO
135 a 165

VI. LAÇOS
O AMOR A QUATRO MÃOS
167 a 205

VII. CRESCENTE
O AMOR NOS QUARTOS
207

SUMÁRIO
235

"Não faço versos a ti,
faço versos de ti."

Mario Quintana

I

TEMPO, O VERBO

O AMOR E AS CONJUGAÇÕES

"Entre paciência e fama quero as duas,
pra envelhecer vergada de motivos.
Imito o andar das velhas de cadeiras duras
e se me surpreendem, explico cheia de verdade:
tô ensaiando. Ninguém acredita
e eu ganho uma hora de juventude."

Adélia Prado

QUEM SABE O QUE PROCURA
COMPREENDE O QUE ENCONTRA

O vento forte lá fora e meu homem dorme ao meu lado. Há nele um monte de certezas que se aninham enquanto ele ronca terno como quem respira com alarde. As certezas dele são as minhas, por isso ficam tão bem comigo. Não me estranham. E as dúvidas podem existir sem opressão até que se cumpram. Sabíamos, cada um na sua estrada, que o caminho era outro, diverso daquele que nos apontavam.

Fincamos na placa oposta o nosso certo, porque éramos, cada um no seu respectivo quintal, dois visionários olhando o mundo e buscando nele nossa semelhança.

Colombos a milhas do sonho, a milhas do certo destino, caímos em desatino pelo chão de terra que dava num asfalto e virava megalópole com luzes mercuriais ao fundo. Anúncios luminosos atravessaram o céu de nosso sonho e sei que desde pequeninos guardávamos cada um a nossa gorda esperança no corpo magro.

Meu homem dorme ao meu lado hoje como dormiu antes dentro da minha goiaba preferida, dentro da fruta da minha vida, ele hoje me namora como fazia dentro de minha amora. Sem demora, lateja firme ao me possuir e é outra vez o velho caroço do abacateiro, consistente eixo de sua polpa. Meu homem me inquieta formigueiro e me fascina tanajureiro me incitando eu formiga trabalhadeira a voar.

Meu homem já morava lá, escondido, escorrido, liso dentro do cabelo de minha boneca chamada Bonita, e dentro do tronco das árvores que era a imagem na qual eu me lambuzava quando meu pai dizia a palavra caráter. Sempre associei essa nobre palavra a um tronco de árvore genipapal, abacateiral, goiabeiral.

Alguma coisa nova move o olhar dele e suas sobrancelhas. Alguma coisa que me faz reconhecê-lo no meu desejo desde quando antes de minha avó vir do Egito pra me incluir na história. Pra me fazer Brasil.

Alguma coisa move suas mãos, familiar e sutil no modo, de modo que eu me encaixo no meu homem miúda, a ponto de me esticar no mesmo manequim de menina e mulher sem alterar o centímetro deste sentimento.

Houve um Deus que acreditei, houve um Deus que me desiludiu, houve um Deus que neguei, houve um Deus que achei, houve ainda outro que criei, houve outros que por fim me encontraram. Em todas essas dinastias de Deuses, sempre houve esse homem que hoje dorme amado ao meu lado. Sei pouco das coisas. Há mais coisas que entendo do que coisas que sei; mas viver é só o doce trabalho de reconhecê-las. Hoje, respaldada pela fartura de Deuses que não condenam minhas besteiras, posso ser em paz. Posso inclusive compreendê-las.

Um caminhão de certezas ressona hoje ao meu lado. Vive comigo todos os bocados no infinito infinitivo de cada dia. Não adia, não escamoteia, não teme, não foge. Tem medos comigo e venho com ele construindo as coragens.

Meu homem não é o ponto final do destino. Meu homem é o amor à passagem, por isso a viagem.

Há muito tempo, cada um vindo de seu escalar, olhamos o mundo do mesmo lugar. Meu homem é de mim, sua mulher, e somos os dois de cada um. A soma dos dois dá mais. É o clamor, o ardor, o sabor, a aragem. Por isso esse gozo. Essa paisagem.

Rio, 29 de dezembro de 1994

ESPELHO SEU

Quero ser minha para poder ser sua
Quero nunca mais partir
Pra longe de mim.
Vem, Alivia, Adianta, Adivinha
Quero ser sua pra poder ser minha...

20 de outubro de 1994

AVISO

Se prepare
talvez você seja
um deflagrador descambado
de muitos poemas de amor.

Se prepare
não se assuste
não me apague
talvez você se depare
com seu medo
bem no meio de sua coragem.

Vila Velha, 29 de outubro de 1994

PRÉVIA

Quando meu amor ia chegar
e eu nem sabia
preparei já sabendo
uma gaveta só de lingerie.
Meu amor se espalhava
se pondo sol por entre as rendas
e os biquinhos do soutien
sem seios ainda dentro
pulavam de alegria
espantando a tradição das etiquetas
para fora da gaveta.

Quando meu amor ia chegar
eu fiquei cheirosa de banho
entre essas eternidades
e fiquei quietinha lá na praia
longe do quarto que era certo
como se tivéssemos marcado um encontro.
Eu já quase me chamava sua Dadá e pronto.
Ainda não estava molhada
mas quando meu amor chegou
eu já estava no ponto.

DA CHEGADA DO AMOR

Sempre quis um amor
que falasse
que soubesse o que sentisse.
Sempre quis um amor
que elaborasse
Que quando dormisse
ressonasse confiança
no sopro do sono
e trouxesse beijo
no clarão da amanhecice.
Sempre quis um amor
que coubesse no que me disse.
Sempre quis uma meninice
entre menino e senhor
uma cachorrice
onde tanto pudesse a sem-vergonhice
do macho
quanto a sabedoria do sabedor.
Sempre quis um amor
cujo bom dia morasse
na eternidade de encadear os tempos:
passado presente futuro
coisa da mesma embocadura
sabor da mesma golada.
Sempre quis um amor de goleadas
cuja rede complexa

do pano de fundo dos seres
não assustasse.
Sempre quis um amor
que não se incomodasse
quando a poesia
da cama me levantasse.
Sempre quis um amor
que não se chateasse
diante das diferenças.

Agora, diante da encomenda
metade de mim rasga afoita
o embrulho
e a outra metade é o
futuro de saber o segredo
que enrola o laço,
é observar
o desenho
do invólucro e compará-lo
com a calma da alma
o seu conteúdo.
Contudo
Sempre quis um amor
que me coubesse futuro e
me alternasse em menina e adulto
que ora eu fosse o fácil, o sério
e ora um doce mistério
que ora eu fosse medo-asneira
e ora eu fosse brincadeira

ultrassonografia do furor,
sempre quis um amor
que sem tensa-corrida me ocorresse.
Sempre quis um amor
que acontecesse
sem esforço
sem medo da inspiração
por ele acabar.
Sempre quis um amor
de abafar,
(não o caso)
mas cuja demora de ocaso
estivesse imensamente
nas nossas mãos.
Sem senãos
Sempre quis um amor
com definição de quero
sem o lero-lero da falsa sedução.
Eu sempre disse não
à constituição dos séculos
que diz que o "garantido" amor
é a sua negação.
Sempre quis um amor
que gozasse
e que pouco antes
de chegar a esse céu
se anunciasse.

Sempre quis um amor
que vivesse a felicidade
sem reclamar dela ou disso.
Sempre quis um amor não omisso
e que suas estórias me contasse.
Ah, eu sempre quis um amor que amasse.

12 de fevereiro de 95

ENSAIO

Ainda vou escrever sobre o seu olhar.
Há nele alguma coisa que me ampara
marrom e profundamente
me acolhe castanho e eternamente
me depara e dispara castanhas, nozes,
castor e não passas.
Nele um Natal de só se nascer
ascende
piscante
cílios faiscantes me namoram
a pedidos o pescoço,
um poço, talvez, não sei moço
seu olhar parece
uma espécie de gosto
de posto que me norteia
de porto que em mim aldeia
mora
um olhar que me olha e me ora
sem eu pedir,
e donde sem vontade com saudade
me despeço.
Ele é um gesto
um olhar fundo e esperto
Dele quero tudo mas não peço.
É novidade, antiguidade
realidade e arcabouço

nele caminho tranquila
calça comprida, mão no bolso
Nele crown! ...
natação de manhã.

Em bom dia me cucoriza
ao abri-lo em minha cara
pela primeira vez ao dia
Vadia, sua órbita
me desatina linda
a um chamado íntimo e mundano.

Há nesse castanho
uma espécie de banho
de explosão
de vontades
Uma generosidade feita de ser tudo
sem oprimir nada
um encontro inquieto e firme
uma coisa livre de se dar
sei lá
ainda vou escrever sobre o teu olhar.

19 de novembro de 1994

EU TE AMO

Meu amor me disse uma vez aqui
eu te amo sem querer
e desde este dia
nunca mais parou de dizer.

Bar Bozó
Rio, 19 de dezembro de 1994

MAR TÃO BRANDO

Meu amor está brando dentro de mim
agora não é só alguém que acabou de chegar
agora ele está na sala
agora ele vai jantar.
Se espreguiça brasileiro sobre todas as coisas
toma erva-mate devagar
e beija calmo minha pele marrom
beija beijos de estar
beija beijos de então
depois chupa o chimarrão
depois chupa meu peito
depois é ele o leito
espalhado pela casa
o leite da alvorada
e eu já não tenho medo de que seja breve.

Meu amor é brando
fundo e leve
raiz espalhada na terra
samambaia vistosa na varanda
vegetação de vales
árvore frondosa de serra.
Meu amor é parecido
com universo e o tempo:
ambos como um toldo
nos envolvem

ambos como um todo
nos atravessam
nos abraçam
nos contêm
e nos comovem.

São Paulo, 3 de março de 1995

HÁ CIGARRAS ENQUANTO FORMIGAS

Me sinto inteira nos teus braços
Me sinto inteira a teus pés
Deixe que eu colha meus passos
Que eu tenha direito ao cansaço

Estamos na roda da fortuna
A hora da produção do destino
Vamos lá, meu homem meu menino
que sua mulher e menina
quer contigo trabalhar

E sempre que pudermos
seremos os dois duas cigarras
E entre o gozo e a gargalhada...
Cantar cantar cantar.

Março de 1997

MEMÓRIAS DE AMOR E DE MAR

O amor que tenho por ti
me é tão familiar nesse inusitado!
Te li no meu romance,
te escrevi, te derreti no ardor
dos meus sonhos,
te fundi, te desmoronei nos meus
castelos e depois
construí de novo.
Menina mistério de biquíni
com peixinhos e conchas no estampado,
aquele biquíni azulado
de cavalos-marinhos.
Menina olhando o cação grande
na mão de Seu Euclides, o pescador.
Eu sabia poucas coisas ali:
que ele, o Seu Euclides, parecia um peixe
por amizade ao peixe;
que Seu Euclides amava sua pesca.
Eu sempre achei que sua matança
era para salvar os peixes
e que ele era mancomunado com o mar.
O amor que eu tenho por ti
me habita antigo
cardume, salto de golfinho impescável
que nem Seu Euclides
ousaria prender.

Eu brincava de ti na areia molhada
de montinho sobre montinho
e era doida pra ser feliz
assim com meu amor:
muito e ao mesmo tempo
aos pouquinhos.

Meu amor por ti
mora comigo novo
mas desde pequenininho.

Sampa, 18 de janeiro de 1995

RÉU CONVERSO

Outra vez o Deus que cuida
do não desperdício dos poetas
me assume.
Deu-me o gume inteligente
de sua cabeça pra receber
o pensamento do meu verso
deu-me o sexo
no seu nexo explícito
pra receber o uníssono
do nosso eixo
deu-nos os seixos
de todos os rios
pra que com eles
você me margeasse...
Que eu me enganasse
deu-me então o tempo
de exílio de ti no sul,
pra caso eu pensasse
que não pudesse ser meu.
Hebreu, nos encaminhou
à terra prometida
e em contrapartida
nos deu nação em cada gesto.
Esse Deus réu converso
me juntou em ti,
em mulher em danação

e poetisa,
em menina e rainha
esse Deus nos deu conjunto,
hábitat, lugarejo,
tribo e firmamento
clarividência e triunfo.
Como trunfo
tanto quis não nos desperdiçar
que deixou os nossos erros
pra depois,
lá no coeficiente.
Deixou os nossos erros
na mão dos zelos
pra quando nos amarmos
o suficiente.

Flor do Leblon, 15 de novembro de 1994

LIBAÇÃO

É do nascedouro da vida a grandeza. É da sua natureza a fartura a proliferação
os cromossomiais encontros, os brotos, os processos caules, os processos sementes
os processos troncos, os processos flores, são suas mais finas dores
As consequências cachos, as consequências leite, as consequências folhas
as consequências frutos, são suas cores mais belas
É da substância do átomo
ser partível produtivo ativo e gerador
Tudo é, no seu âmago e início,
patrício da riqueza, solstício da realeza
É da vocação da vida a beleza
e a nós cabe não diminuí-la, não roê-la
com nossos minúsculos gestos ratos
nossos fatos apinhados de pequenezas,
cabe a nós enchê-la, cheio que é o seu princípio
Todo vazio é grávido desse benevolente risco
Todo presente é guarnecido do estado potencial de futuro
Peço ao ano-novo
aos deuses do calendário
aos orixás das transformações:
nos livrem do infértil da ninharia
nos protejam da vaidade burra da vaidade "minha" desumana sozinha
Nos livrem da ânsia voraz
daquilo que ao nos aumentar nos amesquinha

A vida não tem ensaio
mas tem novas chances
Viva a burilação eterna, a possibilidade:
o esmeril dos dissabores!
Abaixo o estéril arrependimento
a duração inútil dos rancores
Um brinde ao que está sempre nas nossas mãos:
a vida inédita pela frente
e a virgindade dos dias que virão!

Flor do Leblon, Rio, 18 de dezembro de 1997

II

RE-BANHO

O AMOR E
OS ÓBVIOS DE ESTIMAÇÃO

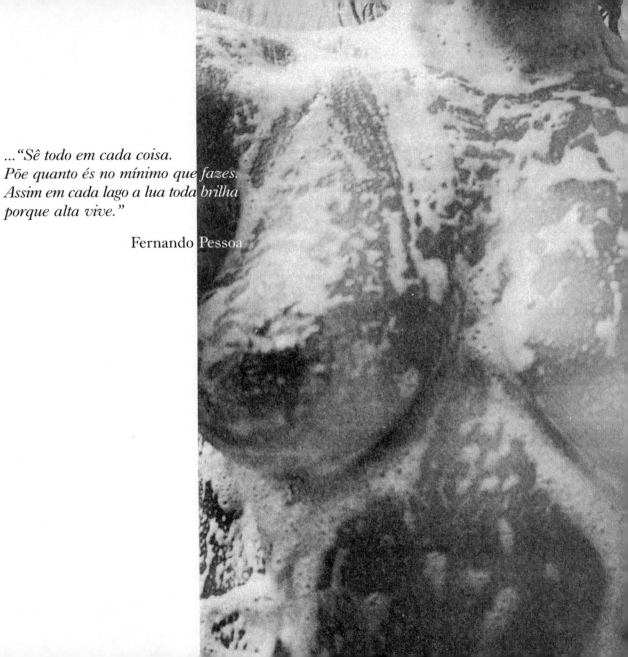

..."Sê todo em cada coisa.
Põe quanto és no mínimo que fazes.
Assim em cada lago a lua toda brilha
porque alta vive."

Fernando Pessoa

"EUTEAMO" E SUAS ESTREIAS

Te amo mais uma vez esta noite
talvez nunca tenha cometido "euteamo"
assim tantas seguidas vezes, mal cabendo no fato
e no parco dos dias.
Não importa, importa é a alegria límpida
de poder deslocar o "Euteamo"
de um único definitivo dia
que parece bastá-lo como juramento
e cuja repetição parece maculá-lo ou duvidá-lo...
Qual nada!
Pois que o euteamo é da dinâmica dos dias
É do melhoramento do amor
É do avanço dele
É verbo de consistência
É conjugação de alquimia
É do departamento das coisas eternas
que se repetem variadas e iguais todos os dias
na fartura das rotações e seus relógios de colmeias
no ciclo das noites e na eternidade das estreias:
O sol se aurora e se põe com exuberância comum e com
novidade diária
e aí dizemos em espanto bom: Que dia lindo!
E é! Porque só aquele dia lindo
é lindo como aquele.
Nossa sede, por mais primitiva,
é sempre uma

Uma loucura da falta inédita
até o paraíso da água nova
no deserto da nova goela.
Ela, a água,
a transparente obviedade que
habita nosso corpo
e nos exige reposição cujo modo é o
prazer.
Vê: tudo em nós comemora
o novo milenar de si
todas as horas:
Comer é novidade
Dormir é novidade
Doer é novidade
Sorrir é novidade
Banhar-se é novidade
Transar é novidade
Maravilhosa repetitiva verdade que se
expõe em cachos a nosso dispor
variando em sabor e temor e glória
Por isso euteamo agora como nunca antes
Porque quando euteamei ontem
Euteamava naquele tempo
e sou hoje o gerúndio daquela disposição de verbo
Euteamo hoje com você dentro
embora sem você perto
euteamo em viagem
portanto em viragem diferente da que quando
estava perto.

Euteamo como nunca amei
você longe, meu continente, meu rei
Euteamo quantas vezes for sentido
e só nesse motivo é que te amarei.

(Da série "Eternidades Cotidianas")
Brasília, 1º de dezembro de 1994

TIM-TIM

Zix me come na rede de mansinho
percurso de calcinha
percurso de peitinho
desencaixando com cuidado os brinquinhos
Zix me tem com carinho
e eu tilinto com ele como um copo
ao encontrar o outro
no tim-tim da taça que encontra seu corpo
sente seu gosto no bojo do outro
cujos líquidos tarantinam suas medidas.
Pra mim a vida
é esse brindar de cumbucas quase cheias.
Nunca quase vazia é a vida
nunca meia
Zix é meu parabéns diário bolo confeitado
com bico moldador de glacê
do jeito que minha mãe fazia em aniversário.
Com ele entendo o bom das coisas
no ponto de sua renovação.
Ainda que troveje eu não tenho medo
relampejo coragem e depois conforto.

Isso mora num fato anterior
de eu amar as chuvas,
os nublados do céu, o sol,
o azul, o outono dos galhos,

a trepação das primaveras,
o esplendor do verão quente.
Eu amando tudo por igual mas diferente.
Zix é eu com ele na rede.
Ele elegante no desejo
me desabotoando o soutien
Zix é eu e ele na sede de beber feliz
água nova de manhã.
É libação de árvores, hortelãs
barulho de vinho no inverno
sob o cobertor de lã.

Verão,
10 de janeiro de 1995

MÃE ÁGUA

Água minha
água viva, eu sua filha
eu sua amiga
te canto essa cantiga
me banho em tua sina
Batismo meu
vizinha da montanha
alma desejada dos desertos
dona da vida
majoritária do planeta cujo nome é terra
carne de minha letra
lagoa seca de minha pedra
Madrinha de minha canoa
onda, silêncio, curso, margem, viagem, garoa
sou eu quem te chama, água
sou eu quem te inflama
Água, quantas vezes me fervo em ti
me comovo
meu amor, meu temor, meu tesouro
tudo em mim em tuas caudalosas mãos ebule
tudo que em mim é,
em ti expande, alvoroça, arde, evapora
Xícara, pressão panela e bule
Tudo onde comece e dure
há de por ti passar, gerar acontecer-se
Todo cacto é mundo silencioso e grávido de ti

Todo toró, todo rouxinol
caiu ou voou alguma vez em tua razão ou em teu nome
Todo ciclone te imita em balé e espiral
do movimento da onda
da intimidade do mar
É lá que todos os ventos se veem e se fazem
Sempre
Não é uma etapa
nem é uma fase
é dever de casa de Deus, é exercício eterno, é bênção de aprendizado e modo
portanto oásis
é lá que se fazem eficazes
todas as peripécias do ar
É onde o vento se sente menos anônimo e se pode menos ausente,
menos fantasma, menos transparente.
Ó água do rio e do mar, tu és quem o torna visível e decente.
Olha-se pra água, logo se diz:
hoje há um forte sudoeste.
Em ti, rainha, tudo transparece.
Água nossa de cada dia
Nada existe à tua revelia
nada há que não beba, sorva, respire e exista sem tua companhia:
Neném homem mulher criança marido amante
tudo nasce do caldo fertilizante de tua substância
nada, nenhum lugar, nenhum inhame, nenhuma instância é possível
sem tua semelhança
tua consistência fluida, tua abundância
Sangue, saliva, suor, urina, afluentes e o Amazonas
Sêmen, lágrimas vaginais, orvalho e Tejo

Tudo isso eu invejo
Coriza tempestade inundação ressaca enchente
Por tudo isso eu rezo
Ó Mater, Ó redoma
A tudo isso eu temo

Água, rainha do mundo
Vós que nos circulai veia artéria e matrona
Poupai-nos de sua ira
Por todos os peixes que pescamos
Por todas as pérolas
Por todas as ostras das quais nos enfeitamos
Por todas as poluições onde nos traímos e nos acabamos
Perdoai-nos
Limpai-nos de nós o vosso mar
Yemanjá afastai-nos errantes ingratos do vosso altar
Mas não lambei com vossa vasta molhada língua o nosso lar
Já vos demos nossos sonhos
nosso castelo de areia
Oh Sereia
Não deixai que em ti seja pecar.
Ontem me contaram que o mar o que quer escolhe
o que não quer devolve
e aquilo que deseja engole
Água, imperatriz do prole
Oxum do juízo, dos seixos, dos estilos das estações
usai nossos perdões para salvar-nos
Conchas caracóis areias e similares
fofoquem com os oceanos

confabulem com as algas
façam lobby com outros mares
pra que cada bolha d'água
cada pingo cada enseada, angra açude igarapé
seja água firme, terra firme e dê pé

Água vida minha
Saúde
Útero e ataúde
que tua raiva em barrancos
que a riqueza e seus avanços
que a pobreza e seus tamancos
sejam do mundo a mulher
Igual a ti
melhorada de ti, lavada de ti
Purificado macaco
Purificada Eva
Purificado Adão
A humanidade seja a consciência de Noé:
metade saltimbanco limpo e solto
outra metade fé.

9 de abril de 1996

ANUNCIAÇÃO

Seus olhos são mancomunados
com a verdade.
Me olham trazendo sempre
um real, uma ideia, um sentimento.
Lembro do momento na soleira da porta
tirando óculos como quem limpa o céu
As vozes palpiteiras de médicos
e parentes bêbados vindo da sala
e eu paralisada diante da firmeza
íntima do seu olhar
como se fosse uma ordem.
Boa ordem era,
porque as palavras de doença
e de morte que vinham de sua boca,
se interpunham à vontade minha
de tirar a roupa,
vibrações de cachoeiras no dorso.
Seus olhos são coragem
liberdade, as amendoeiras de Algarve.
Nunca tarde, às vezes mau
nunca malícia,
seus olhos são claros
disparos
notícias.

(Avião de volta Sampa—Rio, acima do caminho) Janeiro de 1995

DAS TURBULÊNCIAS

De não se acreditar:
era o avião enfiado
no meio de uma nuvem
prenha de chuva
dura feito rocha.
No céu e sobre o céu
balançava tudo
e toda Varig de agora
era um caminhão roto
de pneus gastos
numa estrada de chão
indo pra Cardinot.
O nome soa afrancesado
mas o país é o cafundó
de onde até Judas já se mudou.
Meu coração rápido bate
taquicárdico como quem goza
como forro de prosa
como quem tem profundo medo
de perder a vida.
De não se acreditar:
A estremecida
era como se houvesse pedras
no caminho do ar
pedras no meio do caminho de lá
sem nenhum Drummond pra salvar.

E o que era antes azul
vira, através da janela,
um cinza definitivo
cinza de vestido de viúva moderna.
Aperto o cinto do meu coração
e sinto.
Fico ali obedecendo ao aviso: sentindo.
Um perigo que de tão absoluto
dá é calma por trás.
Meu rapaz,
quando a gente briga em absurdo
quando as palavras nos desobedecem
me dá por dentro o mesmo desconforto
turbulência de céu torto
anjo torto
(quando brigamos no feio...)
meus sentimentos atentam, esquentam, despencam.
Meu desespero
é quando até as aeromoças sentam.

Sampa, 18 de janeiro de 1995

SOBRE OS OLHOS DO MEU AMOR

Nem que chova forte
canivete, gilete
no Sul e Norte
aquela chuva insecável
que cai doida sem aviso
a tudo alaga
e depois para,
nada disso se compara
às sobrancelhas do meu amor
Ainda que faça calor
essas curvas, esse feixe de expressão e frescor
prepara as olhadas
Esses espessos grafites
emolduram as embocaduras
de todas as máscaras dele
e nenhuma delas esconde nada
Todas empunham
ambas artimanham
o dengo dele
a coragem dele
Nada lateja
Nada verdeja
sem a elas perguntar, consultar
pra que lado volvem, resolvem,
a que correnteza sugerem
Essa arquitextura consegue

me fazer mulher e menina
gigante e anã
dama e cortesã.

Essas sobrancelhas parecem
uma obra nova
inspiração não vã.
Parecem Rodin.

Sampa, 6 de julho de 1995

VIDA MIA

Eva agora é mãe
de uma primeira geração
Adão fértil
Adão negão
Adão cagão
não entende que aqueles são seus filhos
tem medo
parecem ratos
e ainda assim ele não se anima

Eva amadureceu de ontem pra hoje
vinte anos
O olhar dela é outro
teve seis filhos
sozinha
comeu placenta
cortou com dentes os cordões
e seu olhar não tem perdões agora
nem mágoas
Eva guardou espremidos
os anjinhos no paraíso.

Pra mim Eva não teve nunca pecado original
não é a primeira
e nem será a última
Eva reluta

mas não consegue evitar
Doa-se.
Hoje deixou de ser-se
é leite
é tetas cheias
é alimento pra cria

Eva é o nome da minha gata
e habita de frutos o universo
Vida mia
Eva agora habita meu verso.

30 de outubro de 1997

LILITH BALANGANDÃ

Ponho o lenço do pescoço na cabeça
Molho os cabelos com calma
Uma mulher é uma espécie de alma com enfeite
Chega diante do espelho
adorna-se como uma árvore de natal
nem é natal
mas ela vai dar bola
Às vezes não varre o quintal
mas pinta as maçãs
blushes ruges
Às vezes não costura
mas realça as cortinas
cílios rímel lápis
Às vezes não conserta as portas
mas pinta as bordas das janelas
pálpebras delineador sombra

Mulher é uma Eva encantada
de espalhar-se por fora
em paraíso
batom cintura tesão juízo
pulseiras brincos balangandãs
são seus sonhos de fachada
que repetem o de dentro
que rondam a porta da casa
Invento de princesa

Durante todas as primaveras
um cardume de cinderelas
ainda insiste dentro dela.

30 de outubro de 1997

ENTRE VISTA
(OU AQUILO QUE AINDA NÃO ME PERGUNTARAM)

Eu vi.
Hordas e hordas de humanos antigos
subiam as dunas para ver o ano a virada
Era Itaúnas e era
outra civilização
Um fogo vermelho
de fogueira à beira-mar
se instalou na orla
e eu pensei que fosse chorar.
pensei tantas coisas fundas de mim, do que descobri
e do que acho que agora sei:
— que espinho para entrada na sola firme do meu pé tem que ser de ponta muito fina e nada frágil;

— que não gosto de ler Adélia Prado porque alguém em mim fica doido para copiá-la e eu, por isso, imediatamente o desprezo;

— que só hoje, a um mês dos quarenta anos, descobri que barulho do mar só existe pra quem está fora dele. Descobri boiando;

— que deve haver algo em comum entre esses silêncios: o do útero, o do mergulho, o da morte. E que não tenho nenhuma pressa de conferir esse último;

— que o homem que habita meu desejo e o lado mais nobre de minha cama-alma é o mesmo do meu sonho;

— que gosto mais de peidar ao vento e sozinha. Sem ninguém ouvindo. Assim, eu e o vento ...peidando e andando;

— que acordo magra;

— que adoro ouvir conversa dos outros. Em sua maioria me confirmam e iluminam pontos importantes da filosofia;

— que há sempre um cocô em mim pronto para partir e eu gosto disso;

— que rancor é um cocô inibido e medroso. E se fica, vira o rei do corpo e instaura o reino da prisão do ente. Por isso que esse cara vive enfezado;

— que João Xavier é um anjo disfarçado de menino e é por isso que me pergunta entre tantas coisas: Elisa, que horas mesmo que o dia esclarece?

— que o Sr. Adilson não tem a mínima ideia do tipo de humanos que alugou sua casa nesse réveillon e nem saberá que ela nunca foi tão lar como agora;

— que não quero viver sem o meu amor ao meu lado. A parceria é a melhor religião;

— que cheiro de óleo de linhaça pode significar mais que o cheiro da tinta do corredor que ia do meu quarto à porta do quarto de minha mãe e seus gemidos; que não eram dor de cabeça;

— que gosto muito e profundamente das pessoas e que normalmente sinto elas sentindo o mesmo por mim;

— que no meu coração cabe muito mais gente ainda;

— que estou muito acostumada comigo. E quase não brigamos;

— que gosto de luta mas não gosto de briga;

— que "vinde a mim as criancinhas" é na verdade uma frase minha e que é apenas o começo da brincadeira. Depois reveza-se;

— que em relação à vida e todos os seus céus não suporto o desperdício. Dia noite sol estrela sono e boemia. Quero tudo;

— que todos os beijos na boca são únicos;

— que gosto de particularidades e portas sem trancas. E dessa aparente contradição;

— que não sei, não quero, não me interessa e nem vou viver sem o paladar maravilhoso das palavras;

— que todas as palavras são pontes, inclusive a palavra ponte;

— que quero amar até o último dia de minha vida;

— que o vento é, além de transparente, mais presente que várias pessoas que conheço. E que, além disso é, na areia, um talentoso artista plástico e no mar um sagaz regente que dá movimento, forma, vida, paz e perigo. O vento é um astro e pouca gente sabe disso;

— que chapéu é um invento do homem que nasceu copiando a sua própria mão protegendo os olhos do sol. Ninguém comemora esse cara;

— que a boa cachaça é o uísque brasileiro;

— que sexo sem afeto, mais que me desolar no final, no antes e durante me constrange;

— que gato é o amigo da alma da casa;

— que liberdade pode ascender ao estado de temperamento, ou voltar a ele;

— que liberdade, se nenhuma educação atrapalhar, pode ser caráter;

— que liberdade sem considerar a do outro pode ser psicopatia;

— que banho diário pode ser mais renovador do que o da batismal pia;

— que calcinha é uma opção minha;

— que o "não sai na água" do creme protetor solar tem tudo pra ser mentira;

— que se eu passar mais de 24 horas num lugarejo com amor, viro nativa, avó, parteira e vizinha;

— que o vento rouba papéis e chapéus como uma criança que acredita que brincar é imitar a vida;

— que adoro saborear o futuro. Para isso, quando chego nele, lembro do ontem;

— que ajo como se fosse viver eternamente e morrer amanhã;

— que o futuro é também o que eu deixo;

— que quem não tem sonho não tem caminho nem aonde ir. Por isso tá fodido;

— que nada existe sem ter sido sonhado antes;

— que eu ter mais melanina neste sol é uma vantagem humilhante sobre minhas amigas brancas e suas fragilidades. Esse gosto bobo me provoca uma vingança histórica e me faz irremediavelmente politicamente incorretíssima;

— que cozinhar para os outros é minha missa;

— que não se pode correr da obra do amor exatamente na hora de burilar o serviço. Ninguém aceita o trabalho que o amor dá. Todo mundo só quer a casa pintada. Ninguém quer emassar. Raspar então, nem pensar. Nesse assunto quero ser mestre de obras;

— que escrever pode ser uma terapia barata em cujas sessões, pra mim, é impossível faltar;

— que os homens são bonitos com seus pelos, paus e sacos;

— que o mundo seria muito sem graça sem a masculinidade. Além do quê inviabilizaria a melhor brincadeira nossa: a comparação;

— que sempre haverá a vida inédita pela frente e que se estou viva, estou nessa;

— que, mais do que aprender o exercício da liberdade, pode-se passá-la adiante. Não para perdê-la. Garantindo-a assim;

— que sempre gostei da filosofia. E sempre amei a não ortodoxia, a comunicação, a facilidade da linguagem. Portanto, viva a poesia. Nunca pensei que com um só verso eu matasse tantos coelhos com uma rima só;

— que movimento de translação e de rotação são cotidianos como escovar os dentes ou dizer bom dia. Que ninguém nota. E quando noto, além de admirar sem entender, me dá um medo bom e acho viver na superfície da Terra um perigo tão grande, tão sutil que nem as mães reparam. Por isso não advertem;

— que Juliano exagera na beleza geral. E não tem saídas. Só entradas livres. Juliano parece solução. Lá pras eras dele;

— que as rimas são traiçoeiras geralmente. Muitas vezes se apresentam com facilidade à nossa frente mas não são as melhores. Não tem intimidade com o sentido. Eternidade. Apenas rimam. E vão para o esquecimento;

— que o Espírito Santo continua justificando com louvor o seu nome.

Itaúnas, 1º de janeiro de 1998

BOLERO

Quero dormir com meu amor
que lá no calor dele
no abacateiro de seu tronco
não há dívidas, dúvidas, espantos
Lá parece domingo
na copa do sovaco cheiroso dele
Lá parece piquenique
parece simples mas é chique
morar no abraço do meu amor.
Não há temor:
os medos fogem todos para a segunda-feira
e eu fico lá
como um colibri pousado
no galho terno daquele feriado.

No beijo dele não há bancos
credores, cobradores, telefonemas,
moras, ameaças, perigo
lá fica longe todo o castigo
Eu sussurro, gemo, berro, grito
me aninho me esfrego
defendo o samba bom, aos poucos
mas sem esforço.

Quero dormir com meu amor
sem gravidade

no dorso
sem tempo-idades
Fico lá debutando
naquele sábado dele
naquela missa
naquele terreiro
me cubro com seu carinho
como se fosse um xale.

Fico lá escondida, fugida
da pressão dos dias úteis
fico protegida e sem ultrajes
Fico charme e caule
dois pra lá dois pra cá
Bolero naquele baile.

21 de janeiro de 1997

LÁGRIMA DO SÉTIMO DIA

Por favor
não me calem quando eu chorar
É atestado de ciso
é o mesmo que riso
quando eu chorar
Sou poeta
e chorar é minha musculação
Exercício.
Por favor não me incomodem quando eu chorar.
É o macaco
feliz da mutação
é lavação de olho
é a costela de Adão
sentindo
sem ninguém questionar

É Deus descansando
em emoção no sétimo dia
depois de delirar.

Mindelo, 26 de abril de 1996

NO PASTO

Meu amor dorme
ele sabe que o amo
sabe que a gripe dele
morre de medo de mim
meu amor é um escândalo
é masculino do modo
mais amplo e mais preciso
e é por isso que eu espero
os seus processos
suas crises
como se fossem tratores
caminhões desgovernados
no meio da perigosa estrada
espero que passem
e se puder
ponho avisos e anjos nos caminhos
pra que sejam sem mortes
os desastres os descontroles as derrapadas.

Meu amor dorme
eu chegarei como uma
poderosa aspirina
toda mulher
toda menina
extirparei dele
o que for constipação
o que não for felicidade.

Meu homem tem cheiro de mato
o cheiro de todos os capins cheirosos no peito
lá com nariz enfiado nesse jeito
morrerei
tudo que quero
tem ele no fundo
meu bom mundo
o cheiro de fazenda
que trazes no plexo
foi o touro que me ensinou
te amo inteira e farta
vaca que eu sou.

10 de março de 1998

MATILHA

O inconsciente é um cachorro louco
solto no quintal da casa
Enquanto a gente está na sala
ele mija na roupa lavada
morde quem a gente beija
ele, nos fundos de tudo,
rosna e late sem a nossa explicação

O inconsciente é um
e já é matilha
é mundo e é cão
é cão e menino
é canino.

Junho de 1997

ENTRE VISTA 2 (um ano depois)

— que a palavra erro é uma palavra mais bonita que a palavra acerto. Talvez por ser a primeira estrada certa para a segunda.

— que não se pode viver bem em longo exílio do mar, da montanha, do mato, da natureza em geral, mãe que é. Isto é, seja por qualquer motivo, autopunição.

— que sou chegada num trovão e a porção de delicadezas que pode causar sobre um poema.

— que os oceanos não têm delimitação. Misturam-se. São, em verdade, o mesmo. Águas de mar e não lagoas. Meu Deus, toda essa continental terra é uma ilha. O resto todo é ritual de símbolo e convenção. Hoje, que a razão chega a esse óbvio, a emoção enfim, pororoca.

— que um bom cocô se cumpre. Feito destino.

— Pedi uma folha de um bloco onde um jornaleiro fazia contas. Era para anotar um poema de rua desses que nos atropelam sem caderno perto. O homem interrompeu seus cálculos e longe do bloco simples cheio de folhas virgens, tão propenso e propício, foi procurar um papel que pudesse me dar e não lhe tivesse serventia. Achou um trapo sujinho, todo riscado de um lado. Deu-mo se certificando de que não prestava mesmo. Tive pena. Era um homem doente. A avareza é uma doença. E grave.

— que tem gótico pra tudo.

— que filhos, arte, amor, dom, amigos, casa, saúde, alimentação, vida etc... Tudo muito precioso dá mesmo trabalho. Vai reclamar?

— que o medo é um defeito físico. Paralisa.

— O ano 2000 era um dos futuros mais futurísticos que conheci. Deu-se, coitado, ao deleite de todos ou dos mais diversos delírios místicos. E, agora, prestes a virar presente, apavora os oráculos de quem não sonhou pra depois.

(Da série "Aquilo que ainda não me perguntaram")
Búzios, janeiro de 1999

TERMOS DA NOVA DRAMÁTICA

Parem de falar mal da rotina
parem com essa sina anunciada
de que tudo vai mal porque se repete.
Mentira. Bi-mentira:
não vai mal porque repete.
Parece, mas não repete
não pode repetir
É impossível!
O ser é outro
o dia é outro
a hora é outra
e ninguém é tão exato.
Nem em filme.
Pensando firme
nunca ouvi ninguém falar mal de determinadas rotinas:
chuva dia azul crepúsculo primavera lua cheia céu estrelado barulho do mar
O que que há?
Parem de falar mal da rotina!
Beijo na boca
mão nos peitinhos
água na sede
flor no jardim
colo de mãe
namoro
vaidades de banho e batom
vaidades de terno e gravata
vaidades de jeans e camiseta

pecados paixões punhetas
livros cinemas gavetas
são nossos óbvios de estimação
e ninguém pra eles fala não
abraço pau buceta inverno
carinho sal caneta e quero
são nossas repetições sublimes
e não oprime o que é belo
e não oprime o que àquela hora chama de bom
na nossa peça
na trama
na nossa ordem dramática.
Nosso tempo então é quando.
Nossa circunstância é nossa conjugação.
Então vamos à lição:
gente-sujeito
vida-predicado;
eis a minha oração.
Subordinadas aditivas ou adversativas
aproximem-se!
é verão
é tesão!

O enredo
a gente sempre todo dia tece
o destino aí acontece:
o bem e o mal
tudo depende de mim
sujeito determinado da oração principal.

Primavera, 29 de outubro de 1997

III

BANDEIRAS

O AMOR E AS PÁTRIAS

*"O que as revoluções sangrentas não conseguem,
as canções dos poetas realizam."*

Lino Santos Gomes
(meu pai)

DESCOBRIDOR DOS SETE MARES

Beije os lugares que nunca beijaram
Beije, aviste, demarque
finque a bandeira e nasça-me
Beije-me terra à vista
Colombo de mim,
Pedro Álvares de mim
me reze missa
sem preferir a buceta taba das índias.
Eleja-me Brasil
Sem ser fugitivo
sem ser donatário
sem ser donativo.
Queira-me jesuíta honesto
queira-me decerto
como alguém que conquista
o que nunca viu
mas atingiu sem asneiras
a pátria e suas estrelas
a pátria e suas bananeiras

Promova em mim suas entradas
e que as mancadas
possam não ser nossas bandeiras.

Rio, 10 de novembro de 1994

CONSTATAÇÃO

Pareço Cabo-verdiana
pareço Antilhana
pareço Martiniquenha
pareço Jamaicana
pareço Brasileira
pareço Capixaba
pareço Baiana
pareço Carioca
pareço Cubana
pareço Americana
pareço Senegalesa
em toda parte
pareço
com o mundo inteiro
de meu povo
pareço
sempre o fundo de tudo
a conga , o tambor
é o que nos leva adelante
pareço todos
porque pareço semelhante.

Inverno, Santiago de Cuba, 1997

TE PERDOO

Uma lança atravessou meu peito
Era guerra de novo:
Os brancos se aproximavam
com suas armas e seus enganos
e arrancavam nossos colares
Vi minha vó arrastada
pelo mais velho deles
e o mais branco e o mais sujo
Escutei o estampido das balas
na bandeira do nosso nome
no pano do nosso dialeto
Vi de perto a disparada deles
sobre as ancas dos nossos cavalos.

Uma lança atravessou meu peito
Na hora da sua mais
funda honestidade
raspou o caldeirão
das mesquinharias
mexeu na ferida do banzo
mexeu no dano
e saiu gritando
EU TE AMO.

Manhã de um século, novembro de 1994

LUA NOVA DEMAIS

Dorme tensa a pequena
sozinha como que suspensa no céu
Vira mulher sem saber
sem brinco, sem pulseira, sem anel
sem espelho, sem conselho, laço de cabelo, bambolê
Sem mãe perto,
sem pai certo
sem cama certa,
sem coberta,
vira mulher com medo,
vira mulher sempre cedo.

Menina de enredo triste,
dedo em riste,
contra o que não sabe
quanto ao que ninguém lhe disse.
A malandragem, a molequice
se misturam aos peitinhos novos
furando a roupa de garoto que lhe dão
dentro da qual menstruará
sempre com a mesma calcinha,
sem absorvente, sem escova de dente,
sem pano quente, sem OB.
Tudo é nojo, medo,
misturação de "cadês."

E a cólica,
a dor de cabeça,
é sempre a mesma merda,
a mesma dor,
de não ter colo,
parque
pracinha,
penteadeira,
pátria.
Ela lua pequenininha
não tem batom, planeta, caneta,
diário, hemisfério,
Sem entender seu mistério,
ela luta até dormir
mas é menina ainda;
chupa o dedo.
E tem medo
de ser estuprada
pelos bêbados mendigos do Aterro
tem medo de ser machucada, medo.
Depois menstrua e muda de medo
o de ser engravidada, emprenhada,
na noite do mesmo Aterro.
Tem medo do pai desse filho ser preso,
tem medo, medo
Ela que nunca pode ser ela direito,
ela que nem ensaiou o jeito com a boneca
vai ter que ser mãe depressa na calçada
ter filho sem pensar, ter filho por azar

ser mãe e vítima
Ter filho pra doer,
pra bater,
pra abandonar.

Se dorme, dorme nada,
é o corpo que se larga, que se rende
ao cansaço da fome, da miséria,
da mágoa deslavada
dorme de boca fechada,
olhos abertos,
vagina trancada.
Ser ela assim na rua
é estar sempre por ser atropelada
pelo pau sem dono
dos outros meninos-homens sofridos,
do louco varrido,
pela polícia mascarada.

Fosse ela cuidada,
tivesse abrigo onde dormir,
caminho aonde ir,
roupa lavada, escola, manicure, máquina de costura, bordado,
dança, pintura, teatro, abraço, casaco de lã
podia borralheira
acordar um dia
cidadã.
Sonha quem cante pra ela:
"Se essa Lua, se essa Lua fosse minha..."

Sonha em ser amada,
ter Natal, filhos felizes,
marido, vestido,
pagode sábado no quintal.

Sonha e acorda mal
porque menina na rua,
é muito nova
é lua pequena demais
é ser só cratera, só buracos,
sem pele, desprotegida, destratada
pela vida crua
É estar sozinha, cheia de perguntas
sem resposta
sempre exposta, pobre lua
É ser menina-mulher com frio
mas sempre nua.

Poema encomendado sobre meninas de rua, 1995

ESPÍRITO SANTINHO

Fui criada na ilha
sem ser sozinha
fui desde pequenininha
criada na ilha
na madrugada
criada na trilha
sem ser ilhada

Fui a porta, o poeta, o porto
o vivo morto do Congo
a madrinha da congada
comi cresci na panela de barro
era só eu e ela
ela me namora
eu namoro ela

Nossa Senhora da Penha
fogo e fé, fogão avião a lenha
Pra de noite ir no terreiro
Orixá São Benedito
o que eu perdi na força
ganhei no grito

Porque eu fui desde criancinha
caçula americano
sul-americano

saci, Meaípe siri, Alegre
Espírito tanto calor e quente
Espírito quantum ardente
Espírito Santo com febre
de sacudir o Brasil

Pequena ponta sudeste
pequeno polegar mindinho
E mercosul
merconordeste
Esperto santo moleque
Capivara lobisomem
paneleira é Deus ensaiando o homem
Menino e boneca de pano
sul-américa Brasil
Caçulamericano.
Fui criada na ilha
com muito sol na virilha
Amo batalha e Vitória
Maria Ortiz
Maria da Glória
Ela me namora
Eu namoro ela

Sou eu Praia da Costa
Eu canto eu encanto
Eu Cachoeiro
Eu Praia do Canto
fui criada na ilha desde criancinha

Minha mãe vem lá de Minas
E meu pai nasceu baiano
capixaba mesmo só eu que sou
o povo mais novinho dos brasis
esse país sabido
esse país maneiro e mundano
o caçula do mundo
caçulamericano.

Novembro de 1996

O ESTADO DA REVOLUÇÃO

O desfile da pobreza
no meio do apartheid
feriu-me o peito.
Quero voltar pra casa.
Cuba está doente
Cuba está esquizofrênica
mora de um lado a
fome e a pobreza,
do outro, o dólar
o rei dólar,
a Cuba é pra quem pode
comprá-la,
não é para cubanos
os pretos cubanos estão sós
por que na guerra da liberdade
quem venceu foi seu algoz.

Cuba, julho de 1997

FORA DO JOGO

Eu não moro
eu vago
eu não transpiro
eu exalo
Penso sempre como deve ser bom morar
ou como deve ser
sei lá.
O mundo belo
é o mundo que não há.
Há mas há lá.
Longe
portão proibido
feito de sinais e combinações.
O sinal
o semáforo
o farol não são pra mim
Sou da rua
sem ser dono dela.
Obedeço-a:
Esquina rainha
Quarteirão rei
Lixo: almoço, procura, guardanapo
Meu Deus o que será o asco?
As coisas de vida certa,
a disciplina?
o que será ser uma menina

com o cabelo limpo e laço?
O que será ter sapato
certidão e passo?
Meu pai é o padre
ou alguém que inventou que eu sou filho de um tal Deus
Cadê Deus que não comparece?
Eu sou tão pouco eu
Vou me encontrando em pedaços
nunca junto
nunca
Jagunço de mim
me mato antes que eu morra
e corro antes que ocorra
uma espécie de perícia
na injustiça de mim
não é nada
é só coronhada
é um policial que quer estuprar
uma que dizem ser minha meia-irmã
não é nada
é algum homem que passou por mim chique
carro importado e passaporte
e me diz: "Você que tem sorte, não tem que trabalhar"
Por isso é que eu vou zoar
livre, fora, independente
não posso ficar doente.
Fica quem não é
Eu sou.
Um poço de anticorpo e parasitose

Há alguém que se comove
e me dá por um dia
comida remédio de verme e lã.
Eu sou alérgico a vida sã
alérgico a esperança
nasci não sendo,
cresci fazendo do acordar
um ato de coragem e risco.
Vivo pra quê?
Por isso é que é bom só foder.
Doeu?
Fode!
Machucou?
Fode.
Tem fome?
Fode.
Mãe pai jardim de infância
nada disso me comove
nada disso me inclui
Ouvi falar de uma tal de dona pátria
Ouvi falar de fuzil
Ouvi falar de Brasil
tô fora!
Tudo em mim nasce e explode
tá com pena?
Fode.

(Poema encomendado sobre meninos de rua)
30 de outubro de 1997

SORÉCONVOSCO

Ah, meu Rio de Janeirinho
Anjo meu, guardiãozinho
ó meu Jesus Cristinho
meu São Sebastiãozinho
Oxóssi meu, padroeirinho
ajuda eu nesta cidade
pegue minha mão
durante as idades.
Não deixe que eu morra
sem pisar no palco do Rival
e lá pelos 50
recitar no Municipal.

Agosto de 1993

ESPELHO DE PAPEL

Nunca vi
nunca se tinha visto
pretinha Pindorama
moleque igarapé
toda negrada urbana
espalhada por aí
onde já se viu?
Onde já serviu?
Ninguém viu
nas bancas
uma menina que não fosse só Xuxa
Um brasileirinho que não fosse só Pelé.
A não ser a sem valor e mal contada
empoeirada de navios negreiros
dos atrasados livros escolares
Nunca em normais patamares
se tinha visto a nossa cara
negro com foto e assunto,
só em grafia estrangeira.
Nunca em terra brasileira
pôde esse povo se mirar
Onde já se viu?
Agora quem sabe
Narciso tupiniquim produtivo
possa até aparecer em livro
Possa constar de verdade na imprensa nacional

Agora eu vejo
agora se vê um lago contemplativo
onde esse miscigenado Narciso
pode se reconhecer
pode ter par
pode ser semelhante
pode ser incluído
pode ser modelo
e referência

Aos poucos vai morrendo a burra crueldade
vai se dando adeus aos cabelos "ruins"
a palavra pixaim como palavra feia
vamos nos despedindo da enorme
teia que embaça o cristal dessa imagem
Bem-vinda revista Raça Brasil
Onde o preto já Civil.

Poema encomendado, 1997

MEUS VERSOS PRA CAPITAL

Seca Brasília
uma cidade que puseram
sobre o cristal de meu Goiás
Seca família
que falta carinho
a seus filhos tanto
e por isso generalizo.
Há os que se matam
há os que duram pra aguar Brasília
Há os que enfartam
e os ficam pra amar Brasília
Quero dar meu braço
meu verso
o regador de poemas
sobre sua impessoalidade, Brasília
Quero a quadrilha
    o jongo
    a cultura popular
    a palavra candango
    o índio-negro
    a flor o serrado
    o tamarindo
    e tudo que lá dá.

Taguatinga Ceilândia Sobradinho Cruzeiro Gama
ainda meu curso vai te encontrar.
Pra organizar o plano do piloto
para que ao voar
por instrumento
seja esse, cada cidadão.

Não sei não, Brasília
você me dá trabalho
bate a porta
é sempre seca
às vezes tão fria
sei lá, Brasília
deixarei as janelas abertas
e você não vai se jogar
te amo
ouviu, minha filha?

Brasília, 10 de julho de 1998

POEMA SERINGUEIRO

Gosto de ser do meu homem
de ser pertencente
de recebê-lo em mim
nos seringais da loucura
vem ele como se me abrisse estradas por dentro
ele com sua pistola de paz e inquietação

Amazônia distraída me deito
à doce devastação.

Madrugada de terça-feira, 25 de outubro de 1994

BAGAGEM

O tempo vira
e eu faço versos
versos de fazer gemer criaturas
eu na poesia
sou linha-dura parceira da criatura
uso-a como instrumento de cura
e ela me abusa
em medicamentos
nos quais me vira

O tempo vira
e eu lira
trago na algibeira
todos os presentes
que os sentidos me trouxeram
todas as mazelas
todas as colheitas
todas as metáforas
trago no bolso da calça
a tradição
o início
o futuro
o estofo
a esteira
da música popular
brasileira.

MAPA-ME

Nada sei sobre os destinos dos rios
e do que margeiam
alguma coisa continental me falta
alguma coisa fundamental me salta
na hora de dar nome aos bois
na hora de dar nome aos dois
mundo e Universo se confundem
na minha geografia.
E quando você diz "Tunísia"
eu sou demorada na imagem demarcada
meu conhecimento percorre os desertos
e paga alto e paga em cash
a quem lhe responder o que fica pra lá de
Marrakesh.
Suborbital me detenho em jorros de versos
Oceanos de novos nexos
nos raios de nossas espumas.

Da janela vejo as dunas que
você saberá guiar-nos até elas
e as quais transformarei em poesia
esquecendo outra vez o donde fica
Ouço a toda hora um telefone tocando no meu peito.
isso faz com que eu recomece tudo de novo:
Portugal é vizinho da Espanha que é vizinha
de Fulano, que é só atravessar Sicrano

pra se chegar a Beltrano.
Cansa-me minha analfabetice do rascunho
que os homens fizeram do mundo.
Me ponha sobre a mesa ao fundo
e nela me demarque.
Me compasse em estados e pecados capitais.
Pinte-me as ilhas, realce-me as virilhas
e me dê o mapa que eu não tenho.

Meu amor,
deixe-me ser o seu caderno de desenho.

Madrugada,
doce primavera de 1994

IV

BANZO

O AMOR E A SAUDADE

"Mesmo que eu mande em garrafas
mensagens por todo mar,
meu coração tropical
partirá esse gelo e irá."

Aldir Blanc

LUA DE JANEIRO

Na minha cara
meu caro amor
tempestades balançam os galhos
gotejam nossos telhados
A lua de janeiro
vara minha janela
arde minha fala
gota, lustre
embuste; eu no meu
desespero querendo mimo,
colo, alguma alegria
Lua de janeiro
lua que não me alivia.

Meus papéis
meus escritos de banheiro
Meu amor primeiro
não tema...
essa lua bambeante
lua do meu janeiro
lua desespero, vai passar
embora linda
e eu correndo
os corredores do risco
em busca do tempo perdido
o dia inteiro.

Lua de janeiro
esse desajuste
lua bela
embora prata
embora Proust.

15 de Janeiro de 1995

O INTRUSO

No meio da reunião
seu pau emerge são
por entre a lembrança
e por entre minhas pernas
Opiniões, discussões, anotações
perguntas e vozes
voam gaivotas em volta de ti, meu amor
que invadiu sem-cerimônia
prédio, seus andares e salões
Perguntam-me prata?
                        preto?
                        branco?
                        ouro?
Respondo touro, sim
touro em mim,
a lembrança, o gosto
e a reunião por um triz
Ai Búfalo, Bis!

Sampa, 9 de novembro de 1994

BANDEIRA BRANCA AMOR

Da bolsa de minha mãe
guardei um tarô e outros ofícios
mas o que achei difícil
foi ver uma esponja de ruge
com uma estrelinha dourada casual
pregada nela
linda bandeirinha
segredos de carnaval
Não foi mal
mas veio no meu nariz
o cheiro do batom dela
o pó de arroz
as fantasias que ela bolava
com a gente amiúde
uma vez por ano
para o carnaval no clube...
Ainda tinha o cuidado
de reservar água de coco e caldo de cana
para os filhos e os amigos deles
quando voltassem da folia
Minha mãe tinha era alegria
por promovê-la em nós.
Era comemorável
feliz
indisfarçável

Quando me gerou
gozou gritou e o escambau.

Chorei ao ver a esponja.
Quando me pariu
era carnaval.

MARY DON'T GO

Nunca mais mãe
sua voz
      Ave-Maria de Gounod
Nunca mais seu rumor
seu resmungo
sua bênção
seu calor
sua alegria de anunciação
de boas novas
nunca mais sua noção
de mundo
de escola

Sua voz
      Ave-Maria de Schubert
Nunca mais chover-te
subir-te
saber-te
nossa senhora de agora e de sempre
de correnteza e presente
nunca mais mãe
seus tamancos seu sorriso seus dentes
seu soprano e sustenido
nunca mais ouvido
nunca mais contente

Sua voz
sua torrente aonde agora eu corro
onde agora meu choro
vê a morte e escuta o coro
Sua voz:
Ave-Maria
do morro.

PARA UMA SAUDADE GORDA

Sofro muito a falta do meu amor:
Como muito diante da televisão.
Não faço nada
durmo, acordo, como, assisto, acordo, durmo, como.
Pareço aquela gorda de bobs nos cabelos
e sexualidade embutida.
Nada sou disso
disso sou apenas muita saudade
uma coisa que me paralisa
e me põe por horas desse jeito.

Quero só um telefonema,
sua voz,
e eu emagreço rápido
visto calcinha preta
o bico do peito endurece
empurro pra lá o prato de brigadeiros
sem perdão
e o tesão vai pessoalmente
desligar a televisão.

PORTO

Ele está no Porto
o amor de todas as portas
está no Sul
eu penso longe
Há em mim um balanço de árvore nos quadris
mas é por dentro que sacoleja
Um vento de Deus brinca comigo quando eu ando.
Cada passo esfrega a parte interna das coxas em mim mesma
e eu penso logo em fornicar no Paraíso.
Nós dois debaixo da macieira
nossa serpente de estimação correndo solta pelos jardins
nos dando ideias de prazer.
Hoje fazemos aniversário de amor
e meu amor está no Porto
Ele é meu homem e tudo em mim
quer ele
ser dele
agasalhá-lo
merecê-lo
aquecê-lo
inundá-lo
amassá-lo por baixo
abraçá-lo em tesoura com a angulação das pernas
Tudo em mim recupera
as razões de Adão
a cumplicidade de Eva

os motivos de frente de trás e de lado
pra nunca existir pecado.
Meu amor está no Porto
e eu rolo na cama neste estado
Sono só quer saber de não dormir
de contar dias
travesseiro de calendário
alcançar novas poesias
um clamor de dicionário
uma palavra virgem
uma lembrança boa
pra pensar besteira dentro da camisola

A noite me enrola e será minha guia
enquanto ele não voltar do Porto.
Seus braços seus cheiros sua pele
meu tailleur de outono
longe dele nada me aquece.
Volta meu amor que o primeiro gaúcho
a gente nunca esquece.

19 de Abril de 1997

LUGAR DO OUTRO

O carinho de dedo adolescente
que eu poderia fazer em mim
de repente,
não te substitui — nem me ilude
É incompetente!
Parece ter uma plaquinha pregada decente:
"Lugar do outro — não entre."

Não há lugar para alugar
o lugar do outro
Essa lua ardente
minguante é minguada
se ocupada do sem ti — do ausente.
Minhas noites minhas ilhas
são sais fora da banheira
quanto mais longe das virilhas.
Sóis de tudo poentes
se avizinham mais à sua distância sã
do que a um prazer demente.
Não o de eu fazendo amor comigo
mas o de nadar no abismo buraco
do seu cadê
Insólita tentativa gigante e miúda
de ser seu dublê
Brochada menina que não dorme
enquanto entorna o saudoso caldo do querer

É de doer: encarar a falta do suor do outro...
e ser aí coxo, manco, barranco
descambado sobre o pequeno barraco do si mesmo.
A esmo, coxas se debatem instantâneas
involuntárias, descaradas, renitentes
Toda cama quente
vem se instalar em seu sono insone
Não há suficiente quantidade quântica
de terra, água ou ar
Não há par,
Fica-se como uma meia
desencontrada na idiota dignidade
de não estar furada... mas está ímpar.
Então não é nada.
Até é, mas o que é é pouco
e acorda-se cansada
de saudade moída
nos finos fios ossos da camisola
da tristeza bluseira que não consola
Atola o anel de noivado
Se enforca com a aliança de casado
Se tortura com a lâmina de amante
Adiante, céu de estrelas caçoando dela!

Ai, o murmurar que o mar exibe
a lembrança
a ressonância firme
a vontade de se dar toda para o Outro exige
que sejam Almas do mesmo Caribe.

LUA HOJE NÃO

Lua hoje em São Paulo não há.
Volto pro hotel e recebo um recado.
Olho pra quem me deu o recado.
Vejo o crachá — Vânia — no peito dela.
Tenho inveja dela, a recepcionista Vânia.
Vânia que não dormiu contigo
Vânia que nem te conhece
Vânia que nem sente saudades suas
Vânia em quem você não entrou
continental e belo com o melhor do seu
masculino
Vânia pra quem você não significa nada
Vânia pra quem você sequer existe...
Pois foram os incorrespondidos ouvidos de Vânia
que escutaram a sua voz. Que raiva!
Saudade. Olho pro céu.
Lua hoje em São Paulo não há
Nem nada.

Madrugada, 29 de outubro de 1994

O ANEL

Vitor Rodolfo mia escandaloso pela casa
O vento faz barulho fantasma.
Toda a habitação da cama sou só eu.
E não é abandono.
Toda a habitação da cama
sou eu e não é solidão.
De mim sou a dona e Sodoma
me ancoro na saudade
do que queremos tanto
Nosso encanto colou o vazio
das coisas que foram eremitas
antes de tu me tocares
Meus lugares são ocupados da tua presença,
de maneira que podes
a exuberância de te ausentares
Meus lares são recheados de ti,
tanto que posso dormir
na solteirice da cama
sem que tua lembrança
me limite os movimentos individuais do sono
Todo engano meu morou
no achar que me faltava
na cama um esplendor de marido
Na verdade hoje meu ouvido descansa
à ressonância de outro umbigo,

mas não como cenário, abajur,
decoração, mero papel.
O anel que tu me deste não era vidro
e portanto não se quebrou
O que tudo de mim queria
e não sabia era a parceria do amor
E o amor pode se ausentar em física.
Sua não insana ótica, sua não maneira tísica
pode promover a esteira livre da felicidade.
Ah, meu amor eu te amo
não triste, embora em saudade
eu te amo em ardor...
O amor que tu me tens
é muito
é doce
e não se acabou.

Vitor Rodolfo, meu lindo gato siamês que só falta falar

TÔ CHEIA

Entre furos e crateras,
chega ela, gorda e bela
na madrugada.
Perguntou: "Cadê o cara?"
E eu tentando responder,
ela não me deixava, a danada.
Embora prata, embora terna
invadiu voal e veludo
e foi encharcando tudo que fosse cama,
estante, instante e romance
"O que houve, qual é o lance?"
Perguntava redonda e ligeira à minha beira
E eu:
— Calma, forasteira!
foi você quem fez a besteira:
primeiro enluara e depois pergunta!?
Ela então retrucou que era
eu que a encomendara
sem ter certeza;
ficamos nesse bate céu de boca
até que a louca se acalmou
e veio pousar-se calma
do lado da outra:
"Na verdade, tô cheia,
Tanto cê me chamou
que me apressei
em amar vocês,

Deixei parques, deixei ruas,
disse que era sua
e que era bom
ter um lindo único
compromisso no Leblon."

Eu disse: — Amiga, hoje não me emprateie;
meu amor sabe que me ama
mas antes de mim,
se ama primeiro.
Minha amiga, vai por mim
sem desespero
Enluarar a nobre cama
lá da Barata Ribeiro.

VIGÍLIA

Penso no sono
na maciez dos pelos
do teu peito.
Penso nos eixos
nos encaixes
nas pernas postas
dispostas umas às outras
Nossas vidas não déspotas
mas esclarecidas
se encontram.

Penso nas coisas que nos confessam
nas palavras de amor
que se enfiam no
meio dos nossos beijos.
Penso nos endereços
que levam nossos corpos
a seus destinos.
Penso nos sinos
que tocam na nossa alma
quando o amor nosso
e seu alvoroço se cumprem
e a paz nos apalpa
e a paz nos cobre
com o sono da calma.

Sampa, 9 de novembro de 1994

PAISAGEM DAS HORAS

Há semanas não escrevo.
Mas à noite
a paisagem da praia da Piedade,
vai me desculpar,
é estupendamente bela
O bom barulho
do vento nas ondas,
sombras de palmeiras
tudo é pouco agora na visão das palavras
mas arrumo o quarto pra te esperar
Quero que você pense que eu sou organizada
que você pense
que eu sou uma mulher
que tem as coisas arrumadas.
Não adiantará!
Meu amor é bagunceiro por você
e desarruma o truque a cada olhada
Te amo, minha saudade
passo os dias nesse hotel à beira-mar
onde o mar é vizinho imponente, cacique
Você, meu homem,
é esperado em Jaboatão
onde tudo quer dizer também Recife

Há dias não escrevo
e quando é assim parece que perco a mão

a razão poética, o cacife
Não importa!
Estupendamente belos os arrecifes!
Paisagem vista da varanda-janela.
E tomo por minha toda terra
onde pouso bem-vinda
Durmo na noite para o amanhã
que chegará com o meu melhor cotidiano
na algibeira:
O amor e o fruto,
o novo homem e a nova era,
o pai e o filho
chegarão em voos diferentes
e eu os amarei
com os céus da alma de dentro e de fora
Então
serão eles esse mar da Piedade
essa bela estupenda paisagem de agora.

Recife, 14 de agosto de 1997

GRUDE

As noites que não são contigo
eu não exatamente durmo
eu rolo,
Você não há
não há enrolar de coxas, colchas
e entremeios.
Não há dobrar de joelhos
se não pra rezar.
Então semeio
uma concórdia de lençóis
uma não solidão
de cafunés nos cangotes
uma não masturbação.

Adormeço
você é o cheiro que ficou de nós
eu respiro pós
dos sonhos
eu latejo
eu planejo
eu oro.
As noites que não são contigo,
eu não exatamente durmo,
eu enrolo.

V

LUMINOSA

O AMOR E
O VERSO

"Quem faz um poema abre uma janela
Respira, tu que estás numa cela abafada
esse ar que entra por ela.
Por isso é que os poemas têm ritmo
para que possas, enfim, profundamente respirar.
Quem faz um poema salva um afogado."

Mario Quintana

FÊMEA DO CHÃO

Se estivesse aí
na cama da gente
faria um poema indecente
um poema de vir-ilha
molhado de águas por todos os lados

Faria um fado,
faria uma moda de versos
com o cheiro que mora nesse perto
onde agora não estou

Faria um anel, um anzol de pescar
cheiros e gemidos
cuecas vestidos e lembranças

Faria uma criança
que reparasse
no remexido dos panos
na bailarina e no arame

Faria um tatame de poesia
feito de água fêmea e chão macho

Dormisse eu aí
e aí eu ficasse
faria na sua cama

e seu embaixo
o livre penacho das liras
o murmurar sincero das estrofes
rasgaria as tiras de dentro e de cima
para serem minhas rimas.

O DISFARCE

A menina se achava muito madura
muito mais saracura em relação
Às pernas das amigas dela.
Sabia o mundo todo, achava.
Um dia escreveu um poema,
achou forte, lírico, profundo.
Mostrou-o à mãe disfarçada de outra:
— Mãe, que é que cê acha desse poema que eu encontrei?
A letra era de máquina de escrever,
a era era de computador.

A mãe olhou,
os olhos ternos sobre o ovo gerado
se encheram de lágrimas
no afeto emocionado daquela gema:
— Filha, que lindo poema, foi você quem fez?
— Cê acha, mãe, que eu estaria à altura de um poema desses?
A mãe sorriu entre displicentes afazeres,
olhou para ela e sua de pêssego tenra idade:
— Filha, só uma menina poderia falar do amor
com tanta ingenuidade.

Flor do Leblon noite, 15 de setembro de 1998

MEU PRIMEIRO REICH

Meu amor,
que meu poema
te nine sem te cansar
que meu poema
te anime sem te roubar
Ânima Alma Animal desobscurecido
no clarão do encontro,
me ofereço a nós.

Meu amor
minha poesia é incontrolável
égua desembestada
me arrasta a danada
e rasga meu envelope de nãos
Não ligue não
faço versos como quem não pausa
entre a respiração
e a inspiração.

29 de outubro de 1994

COMPREENSÃO

Entendo a toda hora a função do amor:
o amor ao que se faz
o amor ao que se deseja
o amor ao que se é
Tudo é desagradável fora do amor

O ser, o outro e a obra
são o fundamental do existir

Toda hora agora desde ti, me fazes falta
Toda hora em que o amor é uma traição ao seu exercício
você me assalta o peito
e eu me refugio ali
no exílio "luxuoso do nosso pandeiro".
Quando, ao contrário,
o amor é pleno
quando a plateia aplaude
quando a plateia entende e ri
eu nos festejo em simbolismo
espelhamento do nosso bem
associação

Mas hoje, não.
Estou quase triste.
Só não me firmo triste
porque meu fundo está feliz:
O ser, o outro e a obra.

MENSAL DAS EVAS

Escorre de mim uma poesia enomeada de ti
Escorre de mim o líquido da diluição em nossos subsolos
tudo que neles foi tortura, agrura, remorso
frustração e medo.
Escorre de mim o desterro de todos os encontros
que não se deram direito.
O bom avesso assalta o proscênio do nosso anfiteatro
e estabelece o laço na inquietude confortável do querer.
A mulherice que ocorre no corpo mensal das Evas
hoje me pegou pra valer.
Sangro do nosso grande amor
um amor de "forever"
um amor de ferver
um amor de instante eterno:
um amor de não doer.

Sampa, 5 de novembro de 1994

RISCO DE POETA

É de juntar palavras o meu serviço
Mauro Salles

Esse negócio de poetar
não sei se pega
não sei se influencia
mas vicia.
Qualquer mosca, qualquer besta
qualquer ação do dia
pode virar poesia
Tudo oscila
entre poesia e prosa
entre rosa e conjugação
entre discurso e inspiração

Às vezes me pego em ofício bom
fazendo uma carta-compromisso
um formal-fax de solicitação
e lá estão: Parque infantil, Tívoli, diversão...
meu monte de rimas, minha significação
minha métrica, quanta lira!...
uma provocação.

Disfarço, bebo um pouco
dou de beber a elas

que é pra ver se alguma se toca.
Nada.
No meio do contrato
esta fada, a intrusa poesia que me complica.
(O homem vai pensar que sou louca
porque poesia pra algumas coisas ou pessoas
                    não comunica;
Poesia, quando o papo é sério, impossibilita
não convém, parece impropério.)

Aí começo tudo de novo
Tentando ocultar que sou poeta.
Começo a ficar solene
E a esta hora Ela é imatável
                    imorrível.
Começo a me desculpar
entre parênteses e "peesses"
pra ver se o destinatário esquece
daquela rima que escapou
a inevitável
a malcriada
a destemida
a independente
a deslavada
a atrevida.

A poesia que é boa
é desobediente

E o poeta, coitado
é quem a obedece...
Vai se arriscando:
Ruas cheias de carros
semáforos quebrados...
E o poeta atravessando!

23 de outubro de 1995

PRECE SEM PRESSA

Meu Deus
dai-me sempre uma poesia que verse
uma poesia que fale
do assunto da humanidade
A poesia que vale.
Feita da coragem de olhar a vida todo dia
e feita do medo e do risco de sabê-la
nova contínua e inexorável
Uma poesia que viaje
sem sair do lugar,
uma poesia que não só fotografe
uma poesia que revele
uma poesia que converse
responda peça faça muxoxo com a boca
canto de rima,
uma poesia acima do vício de.
Do hábito de.
Uma poesia cadê,
com achados nas bordas
alguma coisa que enche a gente
e nem por isso engorda
uma poesia moderna antiga eterna nos tempos
mas nem por isso moda
uma poesia foda
filosofia e pau dentro, meu Deus!

Dai-me sempre uma poesia
que abra feridas e ao mesmo tempo cure
todos os nexos
todos os lados de dentro
uma poesia emplastro
uma poesia unguento.
uma poesia prova
uma poesia de vento
que ao mesmo tempo dure.

29 de outubro de 1997

O CARTEIRO E O POETA

Levava correspondências a Neruda
aquela alma nada calma
naquela boca muda
A tristeza da rede pescadora
do pai na alma dele
levava nele a sede
do que ainda não sabia
O pai pescador não ria
O pai pescador não via
o mar na alma da cria.

Enfim levava cartas a Neruda
e alguma palavra brotava
daquela boca miúda
alguma força raçuda
começou de leve como uma onda
a ocupar-lhe o nexo
Uma espécie de sexo
entre língua e dentes
nascia em poema
sob os olhos inocentes
Maior que a razão
era uma iniciação
feita a bicicletadas e ilhas
pernas vinco vínculo e coração.

Pra quem não conhecia metáforas
estava muito bem
como peixe que mordeu
a isca da poesia
e foi por ela salvo e morto
ao mesmo vento.

(Deus, que movimento, que acontecimento
que evento pode dar tanto esclarecimento
e poço a alma ao mesmo tempo?)

Levava correspondências a Neruda
e se correspondia
com sua alma nuda
seu perdiz:
A poesia
um poeta e uma Beatriz.

Bate onda forte, bate!
Circulatória. Cardíaca. Irreversível.
Baixem as armas
que o poeta recebeu as perguntas
                                      as charadas
                                      as respostas
                                      as missivas

Baixem as armas
que o carteiro vive e agoniza certo.
Baixem as armas
que o carteiro provou do verso.

5 de janeiro de 1996

NÃO TEMA

Toda grávida eu sou
nesse amor.
Olho pra ele e gero.
Meu amor não gosta do assunto
fica bravo, ofende, se descontrola
e eu erro.
Repito o desejo em voz alta:
Quero um filho seu!
Meu amor me desama nessa hora,
xinga Deus
não ajoelha, não ora,
tem mais medo que eu
e por isso me apavora

Toda grávida estou
do filho que não teremos.
Mas deixo no verso
o fruto extremo
a filha
a menina
que não fizemos
digo a ele:
sou sua, não tema;
só deito no universo
porque pode virar verso
o tema.

CON-VERSE COMIGO

Ficaram frustrados os beijos
ficaram desconsiderados
                trocados
                deixados
                gatos trancados nos fundos de nós
                miados de lá não se ouviram
                por conta da conta dos gritos:
                cobranças, números, heranças
                tabuada tonteira na cabeça da menina
Por fora, a mulher órfã
queria ouvir toda a sua lógica em outro tom.

Não quero mais que nosso mote
seja o lote
não quero mais discutir bens
Sem o nosso bem
Não quero mais brigar contigo
por causa de outro umbigo
todo o amor de ontem
ficou por conta da poesia lida
linda na mesa
todo o amor de ontem
ficou por conta do verso
É disso que vivo
E é assim que eu converso.

       Manhã, 21 de fevereiro de 1995

PAPEL DE HOTEL

Adoro escrever poemas
em papel timbrado de hotel
Adoro papel!
Adoro essa lida
      de viagem
      de partida
      de saudade
      de chegada
Adoro essa vida!
Adoro garçons
      camareiras
      chefes de cozinha
      recepcionistas
Adoro essa fita de
            hospedagem
           pensão
           pousada
           palácio
           estalagem
Adoro a contagem das horas
quando ando pelo mapa
adoro o tapa
do fuso — horário
confuso diário de bordo

Adoro papel de hotel
onde ancoro
onde eu pinto e bordo
Onde eu rio e choro.
Papel de hotel
Onde há risco
Onde eu risco
Onde eu arrisco e moro.

Crowne Plaza, 3 de Março de 1995

TRUQUE GAGÁ

Tenho um truque antigo
velho ranzinza corcunda
que já não cola mais pra mim:
compro cadernos para agendar-me
compro cadernos só para a secretária usar
compro cadernos para anotar recados
compro cadernos para contas, só para contas
compro cadernos para recitais
compro cadernos para endereços
compro cadernos para compras de cozinha...

É tudo mentira minha
são todos álibis
de minha doença e saúde
é tudo berço e ataúde
Vario nos títulos deles e nas suas funções
mas todo mundo lá em casa sabe
e agora sou eu que confesso:
em todos eles invado
o nexo, violo o sexo
assim todo dia eu começo
neles todos o que escrevo
é verso.

NOITE

Ao "Canto Eucarístico" de Adélia Prado

Tia Cininha veio pôr veneno na fervura
fogo na ferida
molho na doença
Tia Cininha nem quando
criança lá em casa nascia
ela vinha!
Vivia mal com o marido.
O sexo não lhe era agradável
e nada aos seu ouvidos
poderia ser mais amável
nada mais ardente
do que briga conjugal
de um parente.
Ah... Era festa, procissão, missa!
Blém-blém... tocam o sinos.
Tia Cininha vestia-se do melhor que podia
para sua melhor tarefa: Encaminhar intrigas.
Não, nunca as criava (era escrupulosa);
Mas, uma vez existentes, entre uma hóstia e outra,
tratava de dinamizá-las.

Tia Cininha não se cansava,
viajava horas pra chegar com olhos e boca

pra dizer apenas: Não sei não, não gosto
de me meter na vida dos outros
mas você pra mim é como se fosse minha filha...
Era o prefácio do diabo
O quiabo couvert da Beata Cininha.
Tadinha! Sofria de dois males sem cura
que não seja voluntária:
Rancor e inveja.
É preciso força.
Tia Cininha não tinha.
Por isso se empenhava em minar a dos outros.
Assim se mantinha.

Tia Cininha surgiu enorme
no meio do poema da Adélia.
Por reconhecê-la nas tias
e porque é assim que eu começo
tive que levantar pra fazer verso.

Fevereiro de 1998

VERSO DE DEUS

Meu amor dormia
lá na cama dos agoras
e eu levantei pra fazer versos
(coisa minha ou de meus obscuros)

A verdade é que antes saía sempre
sorrateira, sem amarrotar lençol
sem afundar colchão, sem acender a luz
ia eu silenciosa, platinum plus,
fazer a barba que crescia
aparar o bigode da poesia
deter a grama, podar a árvore
limpar o campo pra que
pastassem melhor os verbos
ia escondida, camisola arrastando
rastros feito traição
No escuro procurava caneta,
papel branco sem letra
eu tentando enxergar com a mão.
Agora não
onde dorme meu amor
dorme também meu irmão
No quarto invadido de tesão e cheiro,
o que ressona confiante
é meu parceiro.
E eu levanto sem clandestinidade

sem leviandade eu canto baixinho
porque a poesia quer sair.
Na cama não dorme agora
um vigia, um delator, um flagrador
da inspiração madruguenta
Quem dorme não se ausenta
nem será amanhã
alguém que se aborreceu.

Dorme ali um verso, lindo verso
não um verso meu
dorme o verdadeiro gesto
o verdadeiro verso
que Deus me deu.

10 de fevereiro de 1995

MESA POSTA

É pra você que eu dedico
o meu melhor sonho
o onde eu deposito.
É pra você que eu componho
canto, siririco, sambo, saçarico
valso, tagarelo, rebolo, batuco.
É pra você meu cuco
meu despertador das ilusões dormidas
minha lavoura de arroz
meu alimento
meu midas.
É pra você esse verso
essas incursões perigosas
na borda da rima.
É pra sua ida
e pra sua vinda
que bate meu tambor
Passo as tardes com seu cheiro ao meu lado
meio-dia meu bordado
e a noite é um extenso cangote
um ardoroso fado
de lembrar-te.
Minha lua não tem fases
é só querer-te.
Meu assunto de alma
é o nosso amor:

carta
recado
pombo-correio
bilhete
muito apetite
nenhuma fome
minha estação é só banquete.

Flor do Leblon, 1996

WAVE

Gasto muitos cardumes de versos
compondo músicas pra vida
Gasto gestos louvando a vida
Gasto vida por ela
e faz sentido o gasto
o pasto
os bois
o homem
plantios diversos.
Temos vida em cada cova
Cada uma
se renova
pra nos ver passar.

Gasto dias poemando a vida
homenageando-a
celebrando-a
punheta adolescente

Em nome dela
minha poesia
de navio
de barco
minha poesia vela.

20 de julho de 1996

POEMA SINCERO

Tenho feito poemas pequenos
não no tamanho
não na medida
Tenho feito poemas sem feridas
sem interessantes saídas
Antigamente quando isso acontecia
eu tinha logo um medo de
não ser poeta de verdade.
Tenho feito poemas sem eternidade
e já não me chateio com isso.
O que consigo agora
são pequenas confissões,
observações interrompidas
pedaços de diário na viagem
Agora que já entendo a poesia como destino
e os estados como passagem,
Fico quietinha na estiagem,
como uma gatinha, quentinha
ouvindo as besteiras que meu amor me conta ao ouvido,
sem pé nem causa...

É que agora sei mesmo que sou poeta...
E com direito à pausa.

Flor do Leblon, 18 de julho de 1996

ENCHENTE

Quando abro a torneira
        a tormenta
        a torrente
faço poesia guarnição
faço poesia marmita
faço poesia dispensa
faço poesia adega de inverno
armário, reserva, cofre
faço poesia munição
faço poesia como dólar
debaixo do colchão.
Quando faço poesia
é precaução
é pão nosso de cada dia
sovado antes
supletivo
intensivo
garantia da ilusão
Faço poesia pra sete dias
poesia prévia
antes da inspiração
faço poesia de guerra
poesia séria
eterna
para os dias que não virão.

20 de julho de 1996

VI

LAÇOS

O AMOR A QUATRO MÃOS

NA IMAGEM DA SEMELHANÇA

A Juliano

Quando a gente cria
a gente repete Deus
Exerce a suprema doçura
de lamber a criatura
a exemplo dos reis naturais,
leões, ovelhas, cães e outros animais.
Quando a gente cria, retunde Deus
reverbera Deus, respira Deus com nariz de Deus
É Deus, discreto, sem alvoroço...
embora grande, ainda que colosso
Exerce a sublime semelhança
sopra de bem-aventurança
o canto, o poema, o espetáculo, o gesto, a dança
Embala de alegria, leite e mimo de espelho
o barro criado.
Imita Deus na coxia
no ensaio da alquimia
Representa o pai, a mãe, essa gorda criatura
sem nome entre as pernas
Indesenhável e verdadeira
Fogueira de existir no sagrado e não com sagrado
Flutuante, passável, mutante
diante da essência breve e eterna de estar sendo criador

Fugaz estado de Deus.
Ouve-se a criatura falar...
O que sei é que foi com meu filho
que aprendi a rezar.

1º de julho de 1991

PEDIDO

A Manoel de Barros

Deixem-me em paz com
        o céu
          com Deus
Deixem-me em paz com
Manoel de Barros
e seu colo de verso
seus pedregulhos
suas grandezas de chão
seus ciscos
sua parecência com as coisas
sua comunhão
Deixem-me em paz
com o poeta Manoel
que é daqui minha paneleira

Boldo, almeirão
rúcula,
jiló,
carqueja
Dai-me amargos de bandeja
para meu fígado repousar

Cessa-lhe as amarguras
    os dissabores
    as traições repetidas
    da humanidade
    contra a humanidade

Se não pode o Manoel,
dá-me a companhia dos gatos, dos patos, dos calmos porcos,
dos cachorros, das árvores, dos córregos, dos passarinhos certos
meu coração descoberto quer confiar
meu coração gosta de estimas
não quer desaprender
Está agarrado ao tronco
e a correnteza é forte:
socos no dorso, socos de quase morte
no estômago e na coluna
a água dá,
mesmo assim meu coração quer confiar.

Deixem-me em paz
com raros buquês
finas hastes, transparentes orvalhos
Ponha-nos em feixes de versos
dentro dos jarros,
eu quieta
Deixem-me sozinha com Manoel de Barros.

Campo Grande, 1996

APARIÇÃO

A Lenine, meu irmão de 2 de fevereiro

A começar pelo que ficou da levada
digo que era um rei
cuja juba no meio do onírico
parecia deus de Olimpo
deus de vasto milharal
Era uma voz
de desquebranto
uma voz de quando eu canto
uma voz sem ter final
Ó senhor dos destemidos
que descola a língua das emboladas
perdure a voz dessa grandeza
desresseque do peito
esse medo, essa moleza

A continuar do que ficou da levada
era um bicho bonito
no meu sonho de circo
era vento
no matagal amarelo
aquele cabelo bravo
de ruminância e resisteza
era um punhado de beleza

safada e boa de escutar
Ó senhor dos coloridos
que encharca de saliva as baladas,
que tenha mais água as palavras
pra enquanto cantar, molhar

A terminar do que sobrou da acordada
todo verso de rebeldia
todo caso de nobreza e brio
toda hora de valentia
tem Davi pedra Golias
tem Eva perdão e Adão
tem maçã razão paraíso
tem espelho caco e narciso
tem Nossa Senhora de Grito
tem saci São Benedito
tem coragem meu irmão!
Era um leão decidido
pra todos os sons e tambores:
"Enquanto os leões não fizerem sua própria biografia a história será sempre uma versão dos caçadores"

DEUS CHORA

A Lígia Maria

Lígia trabalha lá em casa
com sua sabedoria entre vassouras
e águas e limpezas e rezas
Lígia queria uma pedra, só uma,
do anel do Papa pra fazer uma creche
pras crianças de Imbariê
Lavava louça e tinha os olhos cheios de lágrimas.
Lígia sabe ler Deus mais que o Papa
O Papa finge que é Deus, engana.
Não tem generosidade.
A corja política dos Bispos
nojenta e poderosa como todas as máfias
no seu bastidor,
dá raiva nela
o mico papal televisionado
obsoleto trono
patético como um Batman no seu "papa-móvel"...
Tudo dói.
Deus chora nesta hora!
O Papa com seu caminhão de pecados impiedosos e capitais
dá bênção náusea e pena.

Vejo em Lígia a melhor correspondente da terra para o paraíso.
Deus olha o Papa ridículo
e ora
e chora
e pensa: "E o cara, aí! Onde foi que eu errei?"
Já sei: é Rei.
O Papa não entendeu o papo com Pedro pedras e igrejas
Lígia pode não saber
mas fareja o inferno que há
nessa inescrupulosa mídia
daquele tipo de céu vaticomo.

Criatura doações justiças comidas lençóis agasalhos
afetos netos gerações e obra
São a liturgia dela.
Ela,
ela, que se mantém lúcida na sua vigília.

Ah, Deus pra mim é Lígia.

UMA IDEIA DE DEUS

A João David Miguel

Viemos os dois de um lugar
com cara de ermo
cheiro de ermo
som de ermo
relevo de ermo

Viemos de um escuro circunstancial
que nos uniu
em abismo par e único
não tínhamos nada de dinheiro
nada de bafafá, nenhuma comitiva
Éramos nós e uma danada
duma esperança que virou perspectiva

O castigo era atravessar o deserto
com o bebê nas mãos
E todo níquel que houvesse
era água pra ele
(pra nós nada)
E toda energia que houvesse
era alegria pra ele
(pra nós nada)
Todo lençol era pra essa manjedoura

Pais obstinados pela vida do fruto
caminhamos pés descalços
areia quente
e Deus acabou fazendo parte da turma
sempre rindo com a gente

Deus é a capacidade de sonhar
Deus é a coragem de cumprir o sonho
O sol já não arde nossas costas
meu irmão
O Saara movediço
já não ameaça nossos pés
Por causa dos passos.

Só por causa dos passos
Pé parado afunda
Pé em movimento certo
avança

Deixemos aos nossos inúmeros filhos
essa herança:
Ir "por onde nos levam nossos próprios passos"
Como se fosse uma poesia de mão dada com a outra
seguimos até aqui e vamos juntos
tu com a tua estrela
eu com a estrela de David.

Outono, 30 de abril de 1997

BATA TRÊS OVOS...

A Zezé Polessa

Minha amiga
tantas vezes penso em você
nas conversas de entremeio
nas casinhas de abelha
intermináveis e interrompidas
que fazemos
nas sianinhas
que pregamos
no nosso imenso vestido continuável
Penso nas coisas que você me ensinou
nos meus palpites
penso nas coisas que não pude te ensinar
nas receitas no meio dos nossos homens:
um pau duro
um ovo quebrado
nosso desejo
uma clara batida em neve
nosso cortejo
Minha branca de leve
quantas vezes converso contigo
em soluço íntimo
cd que toca na música ambiente de minha alma
sua alegria

sua gargalhada
sua angústia
sua safadeza
suas lágrimas
e o meu não poder te ter nos braços àquela hora
Amora branca de minha árvore preferida
a saudade de ti me avisa
que nunca quer ser saciada.
Maestra primeira de minha escolha
primeira amiga carioca
explosão champagne bolha
comemoração de rúcula e folhas
vassoura psicanalítica doméstica
das nossas melhores conversas salpicadas
promessas de bicicletadas
coisas íntimas ditas na calçada
minha amiga
minha amada.

Flor do Leblon, outono, março de 1997

A REVELAÇÃO

Para Charlô

É preciso três coisas para atravessar:
o barco (que é você),
o sonho (que é a carga),
o caminho (que é o aonde ir)

Se você tiver um caminho
encontrará todos os seus caminhos.

Praça Benedito Calixto, Sampa
15 de Agosto de 1998

ROMANCE

A Marcia Duvalle

O amor é mesmo uma gracinha
pegou uma amiga minha
que dizia que não queria mais namorar
(eu sei que era pra não doer
eu sei que era cagaço de se magoar)
Pois o amor vestiu-se de seda
cueca e tudo
e ainda pôs por cima
um discreto sobretudo
que era pra não assustar
Pois é
deu flores
abriu champagne
tinha dinheiro sem se gabar
fez elogios dela ser uma mulher independente.
O amor nesse dia
parecia gente:
deu colo carinho
convidou à casa, almofada
beijou a mão
mandou sentar
Nesse dia nem era amor

era incenso
era de exalar.
Pois esse mesmo amor
taças depois
perdeu o senso
futucou calcinhas
escarafunchou até achar
bico de peito.
Não teve jeito
o amor estava em casa
e na ganância
perdeu a elegância
pondo um pau enorme dentro dela.
Tinha fome.
Parecia lá uma panela
com rúcula alface agrião
com deleite de azeite por cima
com perdão como tempero.
O amor chegou por último
atrasado
esperado
negado
mas era inteiro

O amor é uma gracinha
com tantas diversidades
com tantos exageros
na loucura dos estaleiros

de primeiras viagens eternas
dos que chegam sempre marinheiros,
mesmo sendo o último
não é que chegou primeiro?

30 de outubro de 1997

O SILÊNCIO

Ao teatro Casa Grande*

Não vi
não cheguei a tempo de ver
ninguém chegou a tempo de apagar
mas as lambidas da boca gulosa dele
estavam lá
estavam lá, não as feridas
mas a consumação
carbonização de todos os movimentos
a estadia desastrosa
a festa das labaredas
salivas de fogo
ainda estavam lá
eu vi
não cheguei a tempo de chorar.
Escombros de ilusão
futuro assado feito de passado bom
cortina
rotunda
invento
bambolina
cenário

---

*Na ocasião do incêndio, estavam em cartaz nesse teatro as peças *O burguês ridículo* e *O semelhante*.

urdimento
tudo curvado
 e era epílogo
 aplauso
 e não era agradecimento
 fúnebre estreia
 sob nossos óculos escuros
 nosso olhar semelhante
 nosso pobre olhar ridículo burguês.
 Por todo dia
 artistas vieram velar o morto
 beijar-lhe o rosto
 silêncio.
 Cinzas
 silêncio escuro quente.
 A fênix se posiciona
 no proscênio do coração.
 Eu conheço aquele silêncio;
 é o mesmo da fecundação.

Março de 1997

ÁRVORE

Aos nossos meninos

Ah, eu te amo
porque você me ensina
mais um olhar sobre o que existe.
Me ensina que ao ir a Cuba
eu estava também indo ao Caribe

Ah, eu te amo
porque Juliano se espalha
em sabedoria entre nós
porque ele é filho e mestre.
eu te amo
pelo que nos acontece
sol
noite
estrelas matutinas
beijos
brigas
abraços
constelações de rotinas
As criaturas ensinando aos criadores
As coragens brotando do útero dos temores

Ah, eu te amo nas nossas crianças
eu te amo e falo.
É que eu sou João com ascendente em Pablo.

O ESMERIL

A Viviane Mosé

Hoje acordei triste
muito triste
mas com a pele boa
muito boa
as mãos macias
achei até que deveria
ser o fato de eu ter espremido
limas-da-pérsia logo pela manhã.

Suave
a voz doce
pernas leves sobre a casa
camisola ponta de asa
tocando de leve os calcanhares
estava triste
e tudo muito sereno e esbelto em mim.

Hoje não concluo,
escolho dúvidas:
será que às vezes a tristeza,
como um esmeril paciente,
burila?
Afina a gente?

Rio, 21 de novembro de 1997

FRUTA PARTIDA

A Maria Cristina

No leito o fio de vida
as coisas escondidas virando brotoeja na pele.
As coisas escondidas formigas traiçoeiras
devorando músculos
formigas não trabalhadeiras da obra de carregar
pra frente as folhas.
Das escolhas faltou a principal:
desejo original de estar vivo
de ser humano e igual.

Não durmo
arrombo gavetas
puxo os novelos das esperanças que tenho
novelos de todas as cores
Todos os irmãos
puxam seus novelos, seus zelos.
No leito
a palidez
o cansaço
o mar longe daquela praia
a areia longe da sua água
a concha desabitada
de seu caracol.

Em lugar do Sol
intrusa e demente
difusa e desobediente,
arde a febre na carne da irmã.

Minhas lágrimas entupidas
erram a saída dos olhos
e voltam pra garganta,
gotas, romãs.
Tudo trisca, belisca e geme
tudo treme, tudo teme.
Deus não sai de perto da cama
nem pra ir ali
nem pra fazer xixi.
Ninguém também de Deus reclama.
Todo mundo ama
as rezas, os unguentos, as medicinas,
a ciência, os instrumentos de cura.
Todo mundo procura
empinar a pipa por aquele fio que sobrou.
Toda hora o cerol da morte
parece rondar o céu do quarto.
Que medo!
Cada alívio
bem que podia durar um século
Cada certo tem a alegria de um parto.

As coisas engolidas demais
produziram caroços, destroços

O amor a si próprio parece ter passado
os últimos tempos longe de casa.
Estamos todos à porta
chamando ele:
    ô dona!
    ô de casa!
    Chame aí o amor guerreiro, o amor forte,
de árvore jabuticabeira, que faz fruta partida
tornar a ser inteira.

Rio, 15 de Janeiro de 1995

O INSTRUMENTO

A meu pai Lino Santos Gomes

Em nome do meu pai
muitas vezes a infância
me passou pelas palavras.
Lembro dele ensinando português:
passava da oração à filosofia
pela poética lógica dele.
— "Alguém fez uma ação
a um objeto
ou a alguém"
e isso clareava
os verbos
definitivamente
direta ou indiretamente.

Eu amava meu pai
como a uma gramática
Eu também amava a gramática
eu amava a sintaxe
e a entendia como uma música
com seus alegros no meu peito.

Tenho por isso
um sentimento fino

de modo que pra mim
violino era sempre o melhor
do verbo ver:
Vi o Lino.

Rio, 10 de novembro de 1994

COLHEITA

A Sandra Guimarães

Colheita dá mais trabalho
colheita não tem atalho
nem corta caminhos
colheita é ali:
pianinho, fruto por fruto
e se houver diversificação,
cestas propícias a cada um
o fruto pesa mais que a raiz
o fruto diz:
tô aqui nove meses
dez anos
temporâneo...
Não importa!
O fruto excede a porta.
Tem tempo de ser colhido,
não espera,
nem pode ser colhido antes
senão apodrece fora do galho
ou vira endurecido.
A colheita tem tempo.
O tempo exato da safra
e exige precisão.
Um dia depois pode ser perdê-la.

A hora certa
quer dizer colhê-la.
Sol quente na moleira
vida farta porém dura,
não adianta:
o trabalho gozoso e dobrado
é a festa da criatura.

Eu pensava que colheita queria dizer:
à toa, pernas cruzadas, trepada de amor toda hora,
toda hora um vestido novo, internet, vadiaria, música,
grapette, viagem, televisão. Deus falou que é porque a colheita é obra
e começa no ato da criação. Achava que colheita era mole. Mas não.

Março de 1997

PÉ DE PALCO

A Chico Diaz

Um fio ordenou-me a mira dos olhos
E o programa era ver
você coringar a vontade que o personagem pede.
Grita. Repica.
Ê pica de palco, gente
de palco, que trepa
com a emanação do que pisa,
do onde apalpa.
Meu Deus que falta que
eu não tinha do que inda
não sabia desse te ver.
Obrigado por Bagdás
e mercados
Por carregares minha dor,
me aliviares
Obrigado por me obrigares
a ver-te.
O fio da puta continua a deter-me
coringa do macete de encostar a alma
no que faz.
Obrigado, rapaz, capataz e mercador
criou nos meus olhos
a arena sabia e os leões
mas era o domador.

PAULO JOSÉ

Das coisas mais lindas
que vejo nesta vida
incluo o oceano rei
chamado cotidiano
E enumero
os mares
os pores de sol
as luaradas
as estrelas
a terra
o tempo
os lugares
os animais
as plantas
as crianças
os humanos

Desse tecido crochê que agulho
escolho linhas cores e pontos
Desse bordado onde somo
adiciono separo e multiplico
Elejo as pausas.
A pausa é o silêncio da comédia
a respiração
a folha muda de outono gerando

o fôlego da próxima estação
Te ponho aí
Onde eu te olho
e imediatamente te olhar
arruma o mundo
Põe o universo no lugar
É reflexão de fundo
Sem formalidades
Alcanço a filosofia
nas miudezas cotidianas de nossos encontros
cada esparrame de dignidade
cada eufórico discurso de nobreza nos outros
em você é só um gesto
Basta um gesto seu
e o mundo é bom
fica próspero e perto
Tá bom um olhar.
Basta um alô
e o telefonema vira tambor
conexão de abraço
império do bem
pausa de amém
nobre intervalo
poço de aprendizagem.
Eu te amo fácil
e te levo em mim bagagem
de mão, escrito "frágil"

que é pra enganar curiosos
que pra driblar enganados
você é minha noção de cavalheiro
minha consciência de dama
voz do morro gaúcha enchendo teatros.
É aí que eu relaxo
é aí que a pausa acontece
onde se derrama;
Para-se o gingado, o tecer
dá-se um silêncio eloquente de linho
com alvo no buraco terno da agulha

Toda agrura se desmancha
o sonho se fortalece Quixote
o novelo Sancho Pança.
Pausa é onde penso
e aconteço sem pressa
onde escrevo
Armo ali o próximo bote
e nesse bote voo, vou, navego
Pausa é indicativo presente: recomeço
você é uma espécie de verso
que eu corro pra fazer
foge da rima que calculo
e vem em cima já na rima que inauguro
Sua idade é uma lição
um trovão bão

um mercúrio: dá voltas rápidas em
torno do astro
e o vemos, nós mortais, lentos que somos
diante de sua peculiar órbita
Sessenta anos líricos em cima da história
e eu giratória
viciada em translação
agradeço a Deus pela glória
de te ter como sol e irmão.

Março de 1997

A QUATRO MÃOS

A Miguel Falabella

Pássaro dourado
o que veio fazer no meio de minha alquimia?
Quem te mandou, cisne, cena, esquete, cotovia
circo, Deus, anjo, capeta?
Com que liberdade te apoderaste
da pressa de minha caneta?
Nada responde.
Tudo pia
tudo é manhã
tudo canta, levanta, assobia

(O vento diz que eu te amo há muito tempo)

Pássaro dourado,
me escuta
me escuta, meu girassol,
meu farol, minha mais nova rima
É fênix quem te fala!
Toda ave é da outra
no mínimo prima.
Papagaio inteligente
Arara-azul que mora
no humor das profundas gargalhadas

Fique assim, não sai...
Louro;
folha mágica, minha vó dizia,
folha milagrosa
pra todos os males
pra melhor digerir
pra memória florir
pra melhor respirar
minha vó dizia
louro bota tudo no lugar.

Pássaro dourado
Albatroz generoso
voando no meu céu...
Seu gesto foi e é um verso.
Portanto
este poema que te dou
foi você que começou.

16 de abril de 1997

VII

CRESCENTE

O AMOR
NOS QUARTOS

"Águas são fêmeas de chão.
Ambas, água e chão
Merecem o gosto
De se entrarem."

Manoel de Barros

ÍNTIMA CHUVA

Meu amor,
quando o mar nos convidou
a ir fundo
não chovia assim como nesse dia.
Os meses se dobraram
em quatro como eu
e era eu quem chovia
por dentro quente já naquela hora.

Exatamente quente como chovo agora.

19 de fevereiro de 1995

NA SALADA DA NOITE

Eu te amo
entre chicória e feijão-fradinho
Eu te amo
em grande e pequeninho.
Sem te partir
eu também te amo
em pedacinho.
Visito no seu corpo
os bairros, as cidadelas,
os lugarejos e os temperinhos.
Beijo a torre de sua igreja,
subo no seu tronco,
minha viril árvore
e venho me aninhando
galho por galho,
não me atrapalho e me espalho
na concha do plexo,
nas montanhas das encostas
nas cumbucas
nas compotas.
Eu te amo
em rúcula, em ardência
em súmula, em verso
em Chaika, e em constâncias
te frequento em mim
te provo, te delicio

me genitalizo em abraços de olhos,
Não forjo
não finjo
não minto não.
Suas mãos me pegam antes
de me tocarem
meus hectares galopam
por si ao te olharem
e toda grama de te amar cresce.

Alguma coisa sempre
em nós acontece.
O que mia entre nós, geme
o que treme e arrepia, entre nós
ao que mia.
Eu te amo
no que entre nós sem pressa, prece
no que entre nós permanece
no que entre nós primavera-verão,
entontece,
no que de nós se expande e floresce.
Eu arrisco, meu petisco,
Escuto o teu verbo
mesmo quando arisco
e ali me desvio
e nos protejo em desendereço.
Meu corpo, meu peito
minha xoxota, meu cu,
eu te amo entre chuchus.

Eu te amo
em pepino, cebola, ameixa
e alface.
Amo em nós
o amor sem disfarce.

17 de novembro de 1994

UM INFERNO FORA DAQUI

Você me procura
você me busca
Adão invertido
Vertente veneno ativo
essa sua maçã que eu bebi;
inserpente me recomeço
nos teus braços, meu amor.

Toda delícia de te receber
quer dizer aceito
quer dizer rendida
quer dizer o prazer da caça
na mão do caçador
quer dizer a concordância da lebre
na mão do armadilhador
Eu Chapeuzinho te convido
a passear Lobo em mim
por minhas florestas.
Nas festas usaremos os bolinhos
que nunca foram da vovó
e os Caçadores sempre atrasados
derrotados diante de ti
que é o único que caçou,
virarão nossos amigos.

Contigo saio de mãos dadas
do original Paraíso
pra viver o Cinema Paradiso
da nossa emoção
saio achando a salvação
saio entendendo Deus
saio achando que essa ideia de Deus
da grande expulsão,
foi um programão.

Vila Velha, 29 de outubro de 1994

LIVRE

Meu gato
te amo
de fato
a boca, o cheiro
o pau, as mãos.
Meu amor
sou uma fêmea livre
por isso te obedeço na cama
me entrego
ao manejo de sua força
me conduzo ao mesmo céu contigo.
Quanto mais me submeto
ao nosso amor
mais cresço
mais sou minha
mais alquimizo
mais paraíso.

MISTÉRIOS

Quando meu amor entra por trás
no meu céu
gosto de me virar toda em pescoço
giratório pra beijar ele direito.
Direito aqui também quer dizer
o lado que se arrepia quando
penso nisso
direito quer dizer também justo
no sentido de apertado
no sentido de encaixado
no sentido de justiça.
Esse assunto desse amor meu entrando
por trás no meu céu
É tão nobre, tão solene que nem posso
dizer...
É assunto de missa.

Sampa, 18 de outubro de 1995

FÊMEA

Quando vou para a cama sem me lavar de ti
vou vestida por dentro
A água da vida me habita
e eu durmo pote, garrafa, caixa, jarro, compota
Nada me importa.
Lâmpada maravilhosa,
me esfrego em ti por dentro
e mil gestos gênios
fervilham ao rastro simples de seus
carinhos em mim
Borbulham óleos e unguentos,
uma chuva lírica
uma garoa
Quando vou pra cama sem me lavar de ti
límpida adormeço
esqueço meu corpo na cama
como quem confia
no sono e seus arautos
O caldo de ti
me ocupa rios
me tocantiniza
me torna afluente
sereia, índia, capivara e canoa,
me torna boa.
Sinto-me indo pra cama
com nossos filhotes

como nossos malotes
de compreensão e temperança
Me adormece e me embala
a lembrança dos grandes
sonhos pequeninhos
que realizamos em cada encontro,
tanto muito quanto aos pouquinhos

Quando vou pra cama
sem te tirar de mim
durmo com a música desse violão
nas ternas cerdas do nosso pinho
Toda coração
vou pra cama com nossos filhinhos.

9 de dezembro de 1994

COM NEGRA PARECIDA

As coisas chegaram a um ponto tal
que até nossa senhora, a Aparecida,
a santa preta que passou do ponto
que torrou no forno eucarístico,
até ela sabe que te amo.
Conversamos as duas por longo tempo
falei de ti
dos nossos segredos
das nossas ousadias
dos nossos erros
dos nossos zelos
das saliências do elevador
das coxias,...
ela nada reprovou.
Falei das posições
das intenções
das realizações
no quarto de quatro
nem reparei de imediato
que dentro do manto
a Santa no ponto
suava enquanto eu falava
Cida indagava detalhes
sobre nossas majestades
toda reza minha
era fofoca da intimidade

de um rei com uma rainha
E a santa gostava
E a santa exigia
mais heresia da palavração
Eu por fé
eu por tesão
contava todo o festim
todo o amor
todo o patuá
tim-tim por tim-tim.

Depois a santa
sem quê nem porquê
deu de tremer
diante de algumas palavras:
cortejo, beijo, chamego
coisa que um "e" fechado pode promover;
psicologizei: sei que o ê
como o oposto do é
entrega o ser.
Mas ela não gostou
queria o auê
os suadores da trepação
queria centímetro por centímetro
o enredo da penetração.
Continuei então:
ajoelhada e posta pra rezar
eu disse à Aparecida
o segredo de te amar.

Ela me lembrava a negra Clarinda
me lembrava a velha amiga
Eva antiga
da tribo de minha vó
Santa por descaso
Santa por acaso
ela queria Olodum
ela queria um homem
ela queria um.

NOBREZA

O amor pelo amor
está aumentando a cada dia
deve ser porque não é só meu
é nosso.
Esse não remorso
essa profana Ave-Maria
esse Pai-Nosso
que é nosso fazer amor
essa alvenaria
nataliza todos os nossos dias
põe árvores piscantes nos portais
faz Papai Noel
escalar e ascender minha lareira mais interna
e dar-me presentes a toda hora
vivemos um amor que não enrola
que não gasta gestos sem afeto
Tem movimento
Desde o primeiro momento esse amor se plantou
em balé vitorioso
Ele mesmo se materializou entre nós
e nos quer gulosos
sábios
malandros sinceros
Parece um Nero
que só incendeia Romas combinadas
camas engatadas

Sem palavras que sobram
nosso amor
diz eu te amo a todo minuto
com a propriedade dos reis
e com a verdade dos pobres
Um amor que aumenta
e se divide igual
enquanto nos cobre

Amor que dança
que beija
que pensa
que samba.
Um amor nobre.

Março de 1997

PAU NA LAREIRA

Você me nina
da noite do quarto do hotel
Quando chegar
vou ser colmeia
A doçura do lar da abelha
vou ser mel
a mulher que a ti se assemelha
a casa
o dentro
a telha
nesse quarto de hotel
você chaminé presente e saco do céu
eu como um par de sapatos
querendo gemer nos braços
desse Papai Noel.

Recife, 14 de agosto de 1997

SAGA DE AMOR E SORTE
NA PEDRA SELADA DO VALE RENASCER

Teu coração em marcha batida
em direção a mim.
Então pegamos a mesma estrada
alguém vaqueiro
alguém vizinha
alguém fazendeiro
alguém peão
alguém padre
alguém parteira
nos viu passar indecentes
no colo bordeaux do amor
de quatro portas.
Atravessamos em beijos
champagne e confissões
de enlace.
No meio da tarde
o verbo se fazia carne
e iam ficando pra trás
todos os medos.
Motores abriam pra nós
novas saídas
verdes passagens
as patas eróticas dos tratores
doces senhoras e senhores
estendiam-nos os tapetes

das pontes de última hora.
Sem hora, íamos.
Eu dizia que havia
fatos prontos
nos esperando abertos
no próximo barro
na próxima viragem.
Feitos do mesmo bairro
seguíamos soberanos
trazendo no peito
a mesma força antepassada
dos braços, dos músculos
do negro Marcelino.
Como um novo hino
nossos corações
batiam sorridentes
solidários, parceiros
para a mesma curva
o mesmo paraíso
o mesmo abismo:
De repente o volante,
a escapulida, a olhada,
o um segundo de paixão
dentro dos seus olhos
uma palavra, uma atenção a ti,
não na estrada.
Depois, a desobediência
furiosa das rodas
depois um céu de árvores

um chão invertido
a derrapagem
um Fiat-Varig
na mão do destino,
nós de Deus o brinquedo.

A morte nos rondou
e teve medo.
No céu os colibris
os urubus
as juritis
e os anus.
A sorte nos cobriu
em arvoredo.
Porque era nascimento
e estávamos nus.

Resende, 14 de novembro de 1994

SAMBA

Surrados, sacolejados
batidos, rebatidos
enfermos, amantes
cada um na sua casa
com seus machucadinhos.

No rádio dos dois
toca o mesmo samba.
"ô moidinha, ô moidinho".

14 de novembro de 1994

ENREDO

Ele me beija manso
me chupa devagarinho
e mete depois em mim
no depois do mesmo mansinho.

Lá dentro late, ladra, alvoroça
mas é sempre o mesmo colibri, golfinho, potrinho
meu doce Pégasus
me pega em xis
em tesoura
em quatro
em abertas asas pernas
gaivota
meu amor se devota
e em mim
resmunga comunga excomunga
quanto mais em mim reza
sem pressa
se derrama
quanto mais se afunda
meu colo meu ventre minha bunda.

Meu amor mata a sede
à mesma hora
em que me inunda.

DO PRÍNCIPE AO SIM

O homem que eu amo
veio de tanto eu pedir
mas quando parei de esperá-lo
veio quando eu ao depená-lo
do meu sonho receio,
permiti que em vez de início ou fim
ele no meio de mim
fosse só o meio.
Não meio no sentido tático
de jeito ou de modo.
Meio no sentido de durante
de enquanto
de presente.
Quando abandonei o título futuro
definitivo da eternidade
o rótulo azarento de garantia
no departamento de intimidade,
quando abandonei o desejo
de ressarcir aqui
o que perdi na antiguidade,
meu homem chegou cheio de saudade
ocupando inteiro
seu lugar de meio
sua inteira metade.

4 de agosto de 1995

O DOCE SEGREDO DA CESTINHA DE CAJÁ

Penso em ti. Nas coisas que eram órfãs antes de tu me tocares. Há alguma coisa no teu gesto comigo que dá alinhavo ao meu afeto. Que dá bordado às toalhas, ponto cheio e corrente, bolo de milho à tarde com café preto e chá-mate. Lá fora as bananeiras no quintal e o vento como o movimento de uma saia de adulto; transparente movimento, vento transparente gesto soprando murmúrio silêncio e felicidade.
Alguma coisa me põe de uma forma feliz pela manhã; natal, sino de igreja, vestido novo, galinheiro animado, ir lá com minha vó ver se a galinha botou ovo.
Medo. Manhã. Tanajura. Alguma coisa me abraça bambolê quando tu me pegas hoje pela cintura. Acordas tudo em mim no gosto pelas pequenas alegrias: Seu Arlindo da venda, Seu Domício...
Bom dia.
Nunca tive um amor que soasse tanto firmamento...
Eu passeando de biquíni pelas praias de Manguinhos, Jacaraípe. Meu pai preocupado na beleza em que eu crescia: "Menina, o que foi que eu lhe disse?" E eu desobedecia. Menina. Menina que eu era, minha mãe escolhendo os peixes na mão de Seu Euclides, o pescador. As unhas vermelhas de minha mãe, o vestido aviscosado de um pano molinho esverdeado, revelando o sempre belo corpo dela; o azul do mar no fundo de tudo, igual aos tons que eu criava raspando a ponta de todos os azuis na caixa de lápis com 64 cores. Era o mesmo azul que conseguia com a de doze no caderno de desenho. Com algodão ou dedos enfiando-lhe as cores. Todo esse amor, esse ano-novo, essas vitrines, a chegada dos utensílios de plástico na cozinha cheirosa daquele moderno de minha mãe, sou eu hoje a teu lado. Atada ao seu cheiro como se nunca houvesse respirado outro ar. E querendo mais, como um novo perfume.
Minha felicidade embala esse amor como uma música de roda fazia aos meus pensamentos:

"Meu copinho de melado
minha cestinha de cajá
quem quiser casar comigo
abre a porta e venha cá.

Eu pedi um copo d'água, me trouxeram na caneca
isso mesmo que eu queria, cinturinha de boneca"

Se um dia eu não mais for de ti, quererei que seja assim todo amor. Só agora entendo a cantiga:
> Que copo,
> que melado
> que água
> que caneca
> que cintura
> que boneca
> quem era o quem que queria casar comigo
> o que era abrir
> que cestinha era
> que porta era essa
> que cajá
> E principalmente quanto ir tinha nesse "venha cá".

28 de novembro de 1995

SUMÁRIO

I. TEMPO, O VERBO

Quem sabe o que procura compreende o que encontra   19
Espelho seu   21
Aviso   22
Prévia   23
Da chegada do amor   24
Ensaio   28
Eu te amo   30
Mar tão brando   31
Há cigarras enquanto formigas   33
Memórias de amor e de mar   34
Réu converso   36
Libação   38

II. RE-BANHO

"Euteamo" e suas estreias   45
Tim-tim   48
Mãe água   50
Anunciação   54
Das turbulências   55
Sobre os olhos do meu amor   57
Vida mia   59
Lilith balangandã   61

Entre vista (ou aquilo que ainda não me perguntaram)   63
Bolero   70
Lágrima do sétimo dia   72
No pasto   73
Matilha   75
Entre vista 2 (um ano depois)   76
Termos da nova dramática   78

III. BANDEIRAS

Descobridor dos sete mares   85
Constatação   86
Te perdoo   87
Lua nova demais   88
Espírito Santinho   92
O estado da revolução   95
Fora do jogo   96
Soréconvosco   99
Espelho de papel   100
Meus versos pra capital   102
Poema seringueiro   104
Bagagem   105
Mapa-me   106

IV. BANZO

    Lua de janeiro   113
    O intruso   115
    Bandeira branca amor   116
    Mary don't go   118
    Para uma saudade gorda   120
    Porto   121
    Lugar do outro   123
    Lua hoje não   125
    O anel   126
    Tô cheia   128
    Vigília   130
    Paisagem das horas   131
    Grude   133

V. LUMINOSA

    Fêmea do chão   139
    O disfarce   141
    Meu primeiro Reich   142
    Compreensão   143
    Mensal das Evas   144
    Risco de Poeta   145
    Prece sem pressa   148
    O Carteiro e o Poeta   150
    Não Tema   152
    Con-verse comigo   153

Papel de hotel   154
Truque Gagá   156
Noite   157
Verso de Deus   159
Mesa posta   161
Wave   163
Poema sincero   164
Enchente   165

VI. LAÇOS

Na imagem da semelhança   171
Pedido   173
Aparição   175
Deus chora   177
Uma ideia de Deus   179
Bata três ovos...   181
A revelação   183
Romance   184
O silêncio   187
Árvore   189
O esmeril   191
Fruta partida   192
O instrumento   195
Colheita   197
Pé de palco   199
Paulo José   200
A quatro mãos   204

VII. CRESCENTE

    Íntima chuva   211
    Na salada da noite   212
    Um inferno fora daqui   215
    Livre   217
    Mistérios   218
    Fêmea   219
    Com negra parecida   221
    Nobreza   224
    Pau na lareira   226
    Saga de amor e sorte na pedra selada do vale Renascer   227
    Samba   230
    Enredo   231
    Do princípe ao sim   232
    O doce segredo da cestinha de cajá   233

Este livro foi composto na tipologia Dutch 766 BT,
em corpo 10,5/13, e impresso em papel
off-white, no Sistema Digital Instant Duplex
da Divisão Gráfica da Distribuidora Record.